CLEYSON FELLIPE, SDB

O que você precisa saber sobre a Virgem Maria

EDITORA
SANTUÁRIO

DIREÇÃO EDITORIAL:
Pe. Fábio Evaristo R. Silva, C.Ss.R.

COORDENAÇÃO EDITORIAL:
Ana Lúcia de Castro Leite

CONSELHO EDITORIAL:
Cláudio Anselmo Santos Silva, C.Ss.R.
Edvaldo Manoel Araújo, C.Ss.R.
Ferdinando Mancilio, C.Ss.R.
Gilberto Paiva, C.Ss.R.
Marco Lucas Tomaz, C.Ss.R.
Victor Hugo Lapenta, C.Ss.R.

COPIDESQUE:
Luana Galvão

REVISÃO:
Sofia Machado

Dados Internacionais de Catalogação na Publicação (CIP) de acordo com ISBD

F319q Fellipe, Cleyson

O que você precisa saber sobre a Virgem Maria / Cleyson Fellipe. - Aparecida, SP : Editora Santuário, 2021
112 p. ; 12,5cm x 17,5cm.

Inclui bibliografia e índice
ISBN: 978-65-5527-111-9
ISBN: 978-65-5527-122-5 (e-book)

1. Cristianismo. 2. Virgem Maria. 3. Escrituras. I. Título

2021-1894 CDD 240
CDU 24

Elaborado por Odilio Hilario Moreira Junior - CRB-8/9949

Índice para catálogo sistemático:
1. Religião : Cristianismo 240
2. Religião : Cristianismo 24

3ª impressão

Rua Pe. Claro Monteiro, 342 – 12570-045 – Aparecida-SP
Tel.: 12 3104-2000 – Televendas: 0800 016 00 04
www.editorasantuario.com.br
vendas@editorasantuario.com.br

Sumário

Prefácio

Nossa Senhora, Mãe de Deus, é também nossa Mãe. Por isso mesmo, a devoção para com ela envolve nosso coração, isto é, nosso amor, nossa afetividade e nossos sentimentos. Foi justamente esse amor filial que levou à elaboração da mariologia, ou seja, a teologia sobre Nossa Senhora. O estudo de mariologia torna mais profundo o nosso amor a Nossa Senhora e nos torna fiéis discípulos de seu Filho Jesus Cristo.

Neste Livro, Cleyson Fellipe desenvolve uma bonita catequese sobre alguns temas fundamentais da mariologia, sobretudo sobre os dogmas marianos. Antes de ser escrito em papel, este livro foi escrito em seu coração, em sua vida. É fruto de seu amor para com Nossa Senhora, cultivado desde a infância e aprofundado nos anos de vida como salesiano. Um bom filho de São João Bosco é sempre um grande devoto de Nossa Senhora.

O livro é redigido em linguagem simples e direta. O autor conversa com seus leitores. Transmite, com inteligência e emoção, suas reflexões. Tenho certeza de que todos aqueles que lerem este livro vão imitar Nossa Senhora: sua intimidade com Cristo, sua fé que consistia na obediência à Palavra de Deus e seu amor para com o próximo expresso no serviço humilde.

Dom Benedito Beni dos Santos
Bispo Emérito da Diocese de Lorena, SP

Introdução

Caro leitor! O material que você tem em mãos é dividido em quatro partes. Na primeira, há uma contextualização da pessoa de Maria, a partir das Sagradas Escrituras. Este santo Livro nos permite compreender a grandeza e o papel da Virgem, no plano divino da salvação. Na segunda, é feita uma abordagem catequética dos dogmas marianos e sua relação com a ação de Deus na vida de Maria. Na terceira, aborda-se a compreensão da figura de Maria na esteira do Concílio Vaticano II, contribuindo, assim, com a devoção popular para com a Mãe de Jesus. Por fim, mostra-se o significado de algumas aparições marianas e seu impacto na vida dos cristãos.

É de suma importância compreendermos o papel de Maria na vida de Jesus e em nossa vida. Ela, que não é o centro de nossa fé, ajuda-nos no seguimento de Cristo e na participação de seu mistério. É a Mulher presente do Gênesis ao Apocalipse, presente na história da Igreja e de cada um de seus devotos. Maria é o porto seguro, que nos leva ao Filho Bendito do Pai, pois tudo nela se volta unicamente para Deus.

Muito já foi dito sobre Maria! Na Igreja, temos diversos escritos sobre ela e, no entanto, a Mariologia é um tema que nunca se esgota. Quanto mais nos debruçamos e aprofundamos na pessoa de Maria, mais descobrimos que ela é uma fonte inesgotável de ensinamentos. Em sua escola, aprendemos que nossa vida só será plena quando Deus for pleno em nós. Sendo assim, não basta estudar Maria, é necessário imitarmos seus exemplos, buscando nos configurar a Cristo, que é nossa vida e, um dia, será nosso céu.

Boa leitura!

I

Maria nas Sagradas Escrituras

1. Toda a Sagrada Escritura nos remete a Cristo

É sabido que toda a Sagrada Escritura converge para Cristo e seu Mistério. O Antigo Testamento é um caminho pedagógico, em preparação para a vinda do Messias. O centro da história da salvação é a revelação do Pai, na pessoa do Filho, pela ação do Espírito Santo. Em Cristo, cumprem-se as promessas de Deus Pai ao povo da antiga aliança. Lembremo-nos de que, após a ressurreição, quando Jesus caminhava com os discípulos de Emaús, o Evangelho segundo São Lucas (Lc 24,27) nos diz que o Ressuscitado explicava-lhes tudo o que se referia a Ele na Lei (Torá), nos Salmos e nos profetas.

Assim, compreendemos que Cristo se faz presente no Antigo Testamento de forma prefigurada. São figuras do Salvador alguns personagens: Adão, Abel (o justo que morre), Isaac (que subiu ao monte levando a madeira que seria usada para seu próprio sacrifício), Moisés (que conduziu o povo para terra prometida e é o mediador da antiga aliança), Davi, o Servo Sofredor, Melquisedeque (o sacerdote do Deus Altíssimo) etc.

O Antigo Testamento ainda nos apresenta instituições que nos remetem ao Mistério de Cristo: Israel (que é figura da Igreja), o Templo etc. Também temos alguns acontecimentos que nos preparam para Cristo: a travessia do mar vermelho (lembra o Batismo), o maná (figura da Eucaristia), a água que sai do rochedo (recorda a água que sai do lado de Cristo), a serpente de bronze (símbolo de Cristo no alto da Cruz).

Assim como temos imagens prefiguradas de Cristo no Antigo Testamento, temos também imagens de objetos e de pessoas que nos remetem à Virgem Maria. Estando Maria unida ao Mistério de Cristo, não poderia deixar de fazer presente de modo implícito no Antigo Testamento. Neste primeiro capítulo de nossas reflexões, falaremos um pouco sobre essas figuras que, após a Ressurreição e sob a luz do Espírito Santo, a Igreja passou a interpretá-las como prefigurações da Virgem Mãe de Deus.

2. Figuras de Maria no Antigo Testamento

Eva – Nas primeiras páginas do livro do Gênesis, temos o relato da criação e de como o pecado entrou no mundo. Deus anuncia a salvação e fala que uma Mulher esmagará a cabeça da serpente (Gn 3,15). Foi dado à primeira mulher o nome de Eva, que significa mãe de todos os viventes (Gn 3,20). Esse significado foi recuperado por Maria porque, com o pecado original, a humanidade, que foi marcada pela morte, recebeu a vida, que é Cristo, pela obediência de Maria. Assim, Maria é mãe dos que vivem em Cristo.

Eva, mais do que um nome, significa o papel da Mulher no Reino de Deus. Ela é geradora de vida, ou seja, é chamada a ser mãe. Com sua desobediência, negou sua participação na obra da criação e tornou-se mãe dos que morreram por consequência do pecado. Maria é a verdadeira Eva, mãe daqueles que, nas águas do Batismo, renascem em Cristo e nele têm vida em plenitude.

Sara – Outra mulher que nos remete a Maria é Sara, a esposa de Abraão. Quando é anunciado a Abraão que Sara terá um filho, ela se põe a rir em seu íntimo, pois os dois já eram de idade avançada e, pelo que nos é relatado, já não tinham relações sexuais. Contudo, Deus diz a Abraão: "Existe algo que para mim seja impossível?" (Gn 18,9-13). Vejam! Expressão semelhante é dita por Gabriel a Maria, no anúncio do nascimento de Jesus e da gravidez de Isabel: "Para Deus com efeito nada é impossível" (Lc 1,37).

Sara, diante do anúncio de sua gravidez, duvida da ação de Deus. Mesmo assim, o Poderoso age com misericórdia, e de Sara nasce o povo de Israel. Em contrapartida, Maria não duvidou quando lhe fora anunciado o nascimento de Jesus. Ela é a verdadeira Sara e dela nascerá o novo povo de Israel. O Novo Israel é a Igreja.

Judite – Quando Judite vence Holofernes e livra Israel das mãos desse tirano, os judeus a aclamam dizendo: "Tu és a glória de Jerusalém! Tu és o supremo orgulho de Israel! Tu és a grande honra de nossa raça!" (Jt 15,9). A liturgia tomou essas palavras para Maria, pensando no novo povo de Israel, que é a Igreja, e no inimigo, que é satanás e do qual Maria é nossa defesa. Como rezamos no Ofício de Nossa Senhora: "Sede em meu favor, Virgem soberana, livrai-nos do inimigo com vosso valor".

Ester – Quando os judeus foram ameaçados de morte, a rainha Ester se dirigiu ao rei, que, encantado com a beleza da jovem, exclamou: "Ainda que me peças a metade do reino, tê-la-ás!" (Est 7,2). Respondeu Ester: "Se realmente encontrei graça a teus olhos, ó rei, e se for de teu agrado, concede-me a vida, eis meu pedido, e a vida de meu povo, eis meu desejo" (Est 7,2). Maria é a nova Ester, salva por Deus da mancha do pecado, e, estando ao lado do Rei Jesus, nossa intercessora diante dos embates na luta contra o mal.

As Sagradas Escrituras também nos apresentam objetos, que, à luz da ressurreição, aplicamos seu significado a Maria; entre esses se destaca a Arca da Aliança. Por que ela é imagem de Maria? A Arca era banhada de ouro, e Maria é plena de graça, ou seja, é banhada pelo Espírito Santo de modo tão sublime que entre as criaturas nada nem ninguém lhe é superior.

A Arca traz dentro de si o maná, que alimenta o povo no deserto, e as tábuas da Lei, que contêm os dez mandamentos. Maria é a verdadeira Arca da Aliança, pois carrega, em seu ventre, Cristo, o pão da vida, que sacia nossa fome de paz e é o sustento de nossa vida, a Palavra Eterna do Pai, a Nova Lei estabelecida para ligar o homem a Deus. Nossa Senhora é a Medianeira de todas as graças, e a graça maior que ela tem a nos oferecer é o próprio Filho, o Mediador por excelência.

Em 2 Samuel 6,1-14: Davi está levando a Arca da Aliança para a região montanhosa de Judá (para Jerusalém). Em um determinado momento do caminho, a Arca está prestes a cair, e Oza a segura e morre. Davi, sabendo do poder de Deus, exclama: "Como virá a Arca de Adonai para ficar em minha casa?" (v. 9). Como já vimos, a Arca significa a presença de Deus. Lucas nos diz que, quando Maria chegou à casa de Zacarias, palavras similares foram ditas por Isabel à Virgem: "Donde me vem que a Mãe do meu Senhor me visite?" (Lc 1,43). Esse texto do Evangelho foi muito importante para os bispos reunidos, em Éfeso, em 431, quando, à luz do Espírito Santo, definiram o primeiro dogma mariano (Mãe de Deus).

Tem mais! O livro do profeta Samuel revela que Davi, com medo, levou a Arca para casa de Obed-Edom de Gat e esta ficou três meses em sua casa (2Sm 6,10-11), como Maria, que foi ao encontro de Isabel e ficou três meses, auxiliando-a, pois tinha certa idade e estava grávida (Lc 1,56). Ela, *A Virgem Oferente*, é a verdadeira Arca da Nova e Eterna Aliança. Além do mais, o texto apocalíptico, que antecede ao relato do combate entre a Mulher e o dragão, assim afirma: "O templo de Deus, que está no céu, abriu-

-se, e apareceu no templo a arca da sua aliança" (Ap 11,19). Assim, o Espírito confirma à Igreja que Maria é a Nova Arca, presente no céu e a qual não pode ser vencida pelo dragão, pois ela é toda e exclusivamente de Deus.

Ainda sobre o retrato de Maria no Antigo Testamento, Lucas monta o relato da anunciação a partir do livro do profeta Sofonias para mostrar que Nossa Senhora é a Filha de Sião[1]. O profeta diz ao povo de Israel: "Rejubila, filha de Jerusalém" (Sf 3,14). É a mesma palavra que Gabriel diz à Virgem Maria ao anunciar o nascimento de Jesus: "Alegra-te, cheia de graça..." (Lc 1,29). Esse convite a rejubilar-se ou alegrar-se significa a alegria com que os profetas anunciaram a vinda do Messias.

E Gabriel, percebendo a estranheza de Maria por não entender aquela saudação, continua: "Não temas, Maria" (Lc 1,30). Sofonias também exorta o povo de Israel: "Não temas, Sião" (Sf 3,16), pois Adonai está no meio de ti. Assim, será o Emanuel que significa *Deus conosco*, ou seja, Deus no meio de nós, e além do mais, na condição de um ser humano. O profeta ainda assegura a Israel: "O Senhor revogou a tua sen-

---

[1] Significa o próprio povo de Israel no profeta Sofonias e em Jeremias. Essa expressão aparece pela primeira vez no profeta Miqueias (1,13; 4,10s). Dizer "Filha" era um modo recorrente na antiguidade de se referir a uma população de uma cidade.

tença" (Sf 3,15), como revogará a de Maria em sua Imaculada Conceição.

3. Maria no Novo Testamento

3.1. No Evangelho de Marcos

No Novo Testamento, temos passagens explicitamente marianas, que nos fazem compreender ainda mais o papel de Maria no plano divino da salvação. Começaremos nossa reflexão pelo Evangelho de Marcos. É o mais breve dos Evangelhos e, segundo os exegetas, provavelmente foi o primeiro a ser escrito. O autor sagrado começa sua narração com a pregação de João Batista e o Batismo de Jesus.

Marcos fala de Maria apenas em duas passagens, na primeira parte do Evangelho que escreveu. A primeira se encontra no capítulo 3,31-35: Maria se encontra no meio da parentela de Jesus e vai buscá-lo para levá-lo para casa, pois sua mensagem estava soando estranha para os galileus. A segunda é em Mc 6,1-3: Jesus vai a Nazaré e seus conterrâneos não o aceitam, pois sabiam que ele "não passava do filho de um carpinteiro e sua mãe era uma mulher da aldeia como todas as outras mulheres nazarenas" (Mt 13,55).

Os primeiros capítulos do Evangelho, segundo Marcos, mostram o quanto Jesus é incompreendido em suas palavras e em suas atitudes, apesar dos muitos milagres realizados. Um fato que merece atenção é o de que nem mesmo seus discípulos e familiares o compreendem. Chegou ao ponto de dizerem que Ele estava ficando louco (Mc 3,20-21). Diante dos comentários dos vizinhos e conhecidos, os parentes de Jesus resolvem sair à procura dele e detê-lo; para isso, levam Maria consigo. Será que vendo sua mãe preocupada com a referente situação Ele não se comoveria e voltaria para casa?

Jesus está rodeado por seus ouvintes, alguns de seus discípulos lá estão, outros são apenas curiosos que estavam ali na intenção de ver se Ele faria algum milagre. Quando de repente se escuta uma voz, vinda do meio dos que lá se encontram: "Eis que tua mãe, teus irmãos e tuas irmãs estão lá fora e te procuram" (Mc 3,32). Jesus responde duramente: "Quem é minha mãe e meus irmãos? E, repassando com o olhar os que estão sentados a seu redor, diz: Eis minha mãe e meus irmãos. Quem fizer a vontade de Deus, esse é meu irmão, minha irmã e mãe" (Mc 3,33-35).

Com isso, Jesus não está desprezando sua família, tampouco sua mãe. Antes, quer chamar atenção dos ouvintes de que não basta escutar sua palavra, é preciso pô-la em prática; quem assim o fizer, está participando de sua família. Que família é essa? É uma família que ultrapassa os laços sanguíneos. É composta de todos aqueles que seguem a mensagem do Reino e a colocam como centro e fundamento de sua vida.

Uma leitura atenta dessa perícope do Evangelho, escrita por Marcos, ajudar-nos-á a entender que Jesus não está fazendo pouco caso de Maria, ao contrário, ela foi a primeira a acreditar em sua mensagem de salvação, quando disse sim ao anjo Gabriel, apesar de todos os perigos que corria sendo mãe solteira. Como nos diz Santo Agostinho: "Ela antes de conceber na carne o concebeu na fé". E porque o Verbo encontrou nela essa fé pôde se encarnar.

3.2. No Evangelho de Mateus

Cada um dos evangelistas tem um modo próprio de escrever e, assim, de retratar a pessoa de Jesus e também a de Maria. Mateus realça a figura de Nossa Senhora como: Mãe do Messias, a Virgem e esposa de José, que é da descendência de Davi. O primeiro capítulo se inicia com a genealogia de Jesus, afirmando que: "Jacó gerou José, o esposo de Maria, da qual nasceu Jesus, chamado Cristo" (Mt 1,16). É importante perceber que o texto não diz que José gerou Jesus, mas que é o esposo de Maria, da qual nasceu Jesus.

Mais à frente, o próprio Mateus se encarrega de explicar o motivo pelo qual não seguiu a lógica pela qual iniciou a genealogia[2] da descendência de Jesus: "A origem de Jesus Cristo foi assim: Maria, sua mãe, comprometida em casamento com José, antes que coabitassem, achou-se grávida pelo Espírito Santo" (Mt 1,18). O Filho não era propriamente de José, pois ele e Maria não tinham tido nenhuma relação sexual, e o evangelista afirma ter sido a gravidez obra do Espírito Santo. A narração da concepção e do nascimento de Jesus é feita a partir de José para deixar claro que Jesus é da descendência de Davi.

O anjo já havia dito que Jesus seria da descêncendia de Davi, e, na cultura do Reino do Sul, do qual Davi era rei, o título de Rainha era dado à mãe do rei, e não à esposa; porque o rei poderia ter mais de uma mulher. Em Mateus 2,1-2.10-11, temos o relato da visita dos reis magos ao recém-nascido. Enquanto caminham para Belém vão se perguntando: "Onde está

---

[2] Nesse sentido, significa o levantamento referente aos membros de uma família, a saber, da família de Jesus.

o Rei dos judeus que acaba de nascer?" E o Evangelho nos diz que encontram o Menino e, ao lado dele, sua mãe. Os magos procuram o Rei e, a seu lado, encontram a Rainha (1Rs 1,16.2,19). Na Teologia de Mateus, Maria também é a Rainha-Mãe.

3.3. No Evangelho de Lucas

Lucas escreveu dois livros: um dos Evangelhos e o Atos dos Apóstolos. No primeiro, ele se detém no relato da história de Jesus e, no segundo, nos primeiros momentos da Igreja. Quanto ao Evangelho, temos uma riqueza de detalhes sobre a pessoa de Maria. Como nos indicam os fatos, o médico evangelista teve contato com a Mãe de Jesus de quem escutou algumas histórias e as transcreveu especialmente para os cristãos que não provinham do judaísmo.

Maria é a testemunha fiel da infância de Jesus e relata com tanto cuidado os primeiros anos de vida do Filho, que o evangelista chega à seguinte conclusão: "Ela guardava todos esses fatos em seu coração" (Lc 2,51). Quando nascia a Igreja, a Mãe de Jesus também se fazia presente entre os primeiros discípulos de Cristo. Na infância da fé cristã, olhavam para ela e, por seu exemplo, foram inspirados, como acontece até hoje com cada um de nós.

No Evangelho de Lucas, Maria é a crente por excelência. Quando o anjo aparece para Zacarias, para anunciar o nascimento de João Batista, ele duvida da ação de Deus, apesar de ser um sacerdote, que durante anos estava servindo no Templo (Lc 1,20). Em contrapartida, a jovenzinha de Nazaré, quando visitada pelo mesmo anjo que lhe anuncia o nascimento de Jesus, põe-se em uma atitude de fé admirável e diz para Gabriel: "faça-se em mim segundo tua palavra" (Lc 1,38).

Em Lc 1,26-38: no sexto mês da gravidez de Isabel, o anjo Gabriel foi enviado a Maria, para anunciar o nascimento de Jesus. Por que entre os anjos Deus escolhe Gabriel para dar essa notícia à Virgem? No livro do profeta Daniel, Gabriel é o anjo que anuncia o tempo da vinda do Filho do homem. O nome Gabriel significa o poder de Deus, que fecundará o ventre da jovem nazarena.

Gabriel chama Maria de *cheia de graça*. Nela, não existe a desgraça do pecado. Será a Mulher que esmagará a cabeça da serpente, ou seja, as forças do mal. Satanás não pode nada contra Maria; pelo contrário, diante dela o poder das trevas se dissipa porque nela só existe graça. Ao receber a mensagem do nascimento de Jesus, ela pergunta: "Como acontecerá isso se eu não conheço homem algum?" (v. 34). Conhecer, no contexto bíblico, expressa uma relação de intimidade, que nesse caso é afetiva-sexual. E o anjo responde: "O Espírito Santo virá sobre ti, e o poder do Altíssimo vai te cobrir com sua sombra" (v. 35). Como a nuvem do Antigo Testamento, que era símbolo da glória de Deus e cobria o tabernáculo (Êx 40,35), agora a nuvem do Espírito Santo cobrirá a Virgem Maria e a tornará fecunda, por isso o Menino que vai nascer será chamado Santo Filho de Deus.

Na nova aliança, Maria é a tenda onde podemos encontrar o Senhor. Gabriel dá um sinal a ela dizendo que sua parenta Isabel, que já era de idade avançada e estéril, também estava grávida, *porque para Deus nada é impossível*. E a Virgem responde ao anjo: "Eu sou a serva do Senhor" (v. 36-38). Mulher totalmente disponível ao projeto do Reino. No entanto, gerando um Filho sem ser casada, o que iam pensar? O que José vai dizer se ele tem consciência de que nunca teve intimidade com ela? Maria não tem respostas para essas perguntas. A única coisa que ela sabe é que Deus é fiel, por isso não a deixará sozinha. E isso ela também experimentará diante da cruz de Cristo.

Após o anúncio do nascimento de Jesus, São Lucas nos diz que Maria partiu apressadamente para a região montanhosa da Judeia, para visitar sua parenta Isabel (Lc 1,39-45). Por que será que Maria vai com tanta pressa? Porque, quando Gabriel diz que ela iria conceber virginalmente o Filho de Deus, ele também dá a notícia da gravidez de Isabel. Aquele que fez a estéril ficar grávida também não pode fazer a Virgem ficar? Maria vai ver o sinal. Diz São Lucas: "Entrou na casa de Zacarias e saudou Isabel" (v. 40). Foi diretamente falar com sua parenta e, quando Isabel ouviu a saudação de Maria, "a criança lhe estremeceu em seu ventre, e Isabel ficou repleta do Espírito Santo" (v. 41). E, impulsionada por esse mesmo Espírito, proclamou a primeira bem-aventurança do Novo Testamento: "Bendita és tu entre as mulheres e bendito o fruto de teu ventre!" (v. 42). Que lindo! Ainda hoje a Igreja repete, todos os dias, a saudação de Gabriel e a exclamação de Isabel saudando a toda Santa Virgem Maria. Isso não significa adoração, mas o reconhecimento dos cristãos para com a Mãe de Jesus. Dentre todos os anjos e santos, ninguém é tão sublime quanto a Virgem. Por isso Ela recebe um culto de hiperdulia[3].

[3] Dulia – significa homenagem-veneração. Aos santos os cristãos prestam um culto de dulia, ou seja, de veneração. A Maria um culto de hiperdulia significa uma veneração superior a dos santos. E a Deus o culto é de latria, que do grego significa adoração.

Diante das palavras de Isabel, a Virgem Maria tem um susto! Ela, que foi ver o sinal que o anjo tinha dado, descobre que sua parenta sabia de seu segredo, pois Isabel exclamou: "Donde me vem que a mãe do meu Senhor me visite?" (v. 42). Isabel confirma que a mensagem de Gabriel é verídica e proclama Maria como a *bem-aventurada* por causa de sua fé (v. 45). De Abraão (o crente), nasceu o antigo Israel, e de Maria (a crente), nasce o povo da nova aliança.

Pouco a pouco, Maria vai compreendendo sua missão no plano da salvação e explode em um hino de louvor, que é o *Magnificat*. Nesse hino, ela vai relembrando toda história do povo de Israel, usa textos do Antigo Testamento, que expressam a confiança do povo eleito em Adonai. Na perspectiva da vinda messiânica, sabendo que Deus a escolheu entre todas as mulheres para ser a Mãe do Cristo e cooperadora do novo Reino, que será instaurado, Maria exulta de alegria e proclama: "O todo-poderoso fez em mim maravilhas" (Lc 1,49). Sim! Tornou-a Imaculada, Mãe de Deus, sustentou-a aos pés da cruz e, depois, glorificou-a no céu.

Em Lc 2,16-21, o Evangelho trata da visita dos pastores e da circuncisão de Jesus (dia em que Ele passa a fazer parte do povo de Israel). Deus se revela aos pastores, ou seja, revela-se aos pobres e humildes. Segundo o referente evangelista, os pastores encontram o Menino com sua Mãe e, depois, voltam para suas terras glorificando a Deus. Quem encontra Jesus exulta de alegria, pois Ele é a própria alegria. Os pastores contaram o que viram e transmitiram a mensagem do Reino. É impossível ter sido encontrado por Deus e se fechar nessa experiência; antes, quer transmiti-la.

Os fatos históricos da infância de Jesus, no Evangelho, terminam com o relato de quando Maria e José, voltando de uma das peregrinações, feitas todos os anos para Jerusalém, por ocasião da festa judaica da páscoa, perderam Jesus e, somente depois de três dias de procura, encontraram-no no Templo entre os doutores da Lei (Lc 2,41-52). Todas as vezes que os Evangelhos trazem a expressão: "três dias depois" (v. 46), eles nos fazem lembrar o dia da ressurreição. No terceiro dia, encontramos Jesus ressuscitado.

É bonito perceber a delicadeza de Maria: "Meu filho, por que agistes assim conosco?" (v. 48). E, naquele momento, Maria não compreende a resposta do Filho: "Por que me procuráveis?" (v. 49). Ainda no mesmo Evangelho segundo Lucas, há o relato da ressurreição, quando, no primeiro dia da semana, as mulheres vão bem cedo ao túmulo para ver o corpo de Jesus e são abordadas por dois homens, que lhes perguntam: "Por que procurais entre os mortos aquele que vive?" (Lc 24,5).

Toda a vida de Jesus é anúncio da salvação, e Lucas nos apresenta Maria como a discípula perfeita, que ouve o anúncio da Palavra, guarda em seu coração e a põe em prática em seu cotidiano. O evangelista médico deu grande importância para Mãe de Jesus, talvez pelo fato de ter escutado, de seus próprios lábios, as histórias da infância do Filho de Deus. Ela é a testemunha perfeita desses anos ocultos do Messias no lar de Nazaré.

3.4. No Evangelho de João

Maria aparece implicitamente no Prólogo do Evangelho de João: "E o Verbo se fez carne e habitou entre nós; e nós vimos sua glória" (Jo 1,14). O Verbo encarnou-se no seio da Virgem, assumiu a realidade humana e fez-se homem como os homens. Uma curiosidade do Evangelho de João é que Maria nunca é mencionada por seu nome, antes, João a chama de Mãe de Jesus. Essa omissão não é casual, mas traz consigo uma vasta carga teológica. Para o teólogo jesuíta Horacio Bojorge isso se dá porque:

> talvez, São João evita usar o nome de Maria como nome próprio da Mãe de Jesus porque lhe parece um nome excessivamente comum para poder aplicá-lo a ela como próprio. Se o nome próprio é para nós aquele que distingue uma pessoa, um indivíduo de todos os outros; se, aliás, para uma mentalidade israelita, o nome revela a essência de uma pessoa e enuncia sua missão na história salvífica, então João tinha razão: Maria não era um nome suficientemente próprio para designar de maneira adequada aquilo que se faz inconfundivelmente Maria, a Mãe de Jesus. Marias há muitas nos Evangelhos e, sem dúvida, eram muitas no povo, nos tempos de Jesus, como ainda o são hoje, também entre nós (BOJORGE, 1977, p. 56-57).

É por causa de João que sabemos como aconteceu o primeiro milagre de Jesus e quão precioso foi o protagonismo de Maria para que isso acontecesse. Também é por meio desse evangelista que temos o conhecimento de que, na hora suprema da dor do Cristo, lá estava sua santa Mãe. Apenas nesses dois momentos Maria aparece explicitamente no Evangelho de João: no início da vida pública de Jesus e na hora de sua morte. Com isso, parece que João quer nos dizer que, durante toda a missão de Jesus, sua Mãe o acompanhou.

Em João 2,1-12: o evangelista nos escreve sobre uma festa de casamento em Caná da Galileia. "No terceiro dia houve bodas em Caná" (imagem da Ressurreição). O Evangelho não menciona o nome do noivo nem da noiva, o que também nos leva a interpretar que essas bodas são entre Cristo e sua Igreja. Na ressurreição, Cristo desposou sua Igreja. Caná representa as núpcias do Cordeiro.

O noivo é o próprio Cristo, e a noiva é a Igreja.[4] A água é o antigo Israel que passou, pois o vinho novo, que é o Espírito Santo de Cristo, *faz novas todas as coisas* (Ap 21,5). As talhas, que estavam cheias de águas e eram usadas para a purificação dos judeus, são símbolo da Antiga Lei. Também podemos interpretar a frase de Maria: "Eles não têm mais vinho" (v. 4) como imagem da situação em que vivia o povo antigo, escravizado por normas que não promoviam a pessoa nem permitiam uma fé capaz de reconhecer

[4] Isso não pode nos levar a afirmar que o relato das bodas de Caná seja simplesmente um relato simbólico.

Jesus como o Senhor. Aos serventes Maria diz: "Fazei tudo o que Ele vos disser" (v. 5). A Rainha-Mãe aponta o Rei, e o milagre acontece. Tudo o que era velho passou e a festa da aliança ganha um novo sentido em Cristo Jesus.

Outro aspecto que merece nossa atenção: quando Maria diz a Jesus: "Eles não têm mais vinho!", a resposta que ela escuta é dura: "Mulher, o que existe entre mim e ti? Minha hora ainda não chegou?" (v. 4) Que hora é essa? É a hora suprema da revelação messiânica, que se dará na paixão, morte e ressurreição. Aqui, estamos no capítulo dois do Evangelho segundo São João, só no capítulo dezessete, quando vai se aproximando o momento mais dramático de sua vida, é que Jesus diz ao Pai: "Pai, chegou a hora, glorifica teu filho para que teu filho te glorifique" (Jo 17,1).

No entanto, pela intervenção de Maria, Jesus antecipa a hora de sua revelação, e João termina essa perícope do Evangelho afirmando que: "Ele revelou sua glória e seus discípulos creram Nele!" (Jo 2,11). Só no capítulo dezenove do referente Evangelho (Jo 19,25-27), é que fica mais claro o que significa essa hora de que Jesus falou para Maria nas bodas de Caná. A crucificação é a hora suprema em que o Filho foi exaltado no madeiro da cruz, para que, por seu sangue, selasse a Nova e Eterna Aliança. É também nesse momento que Ele é reconhecido pelo centurião: "De fato, este era o Filho de Deus" (Mt 27,54). Na cruz, é chegada a hora da imolação do Cordeiro Santo, e lá se encontra Maria, como *A Virgem oferente sem igual,* participando da redenção. Ela, desde o momento que disse *sim* ao anjo Gabriel, tornou-se cooperadora de Deus no plano da salvação.

3.5 Em outras passagens do Novo Testamento

Ainda temos algumas perícopes do Novo Testamento que falam de Maria: na Carta de São Paulo aos Gálatas: "Quando, porém, chegou a plenitude do tempo, enviou Deus seu Filho, nascido de mulher, nascido sob a Lei, para resgatar os que estavam sob a Lei, a fim de que recebêssemos a adoção filial" (Gl 4,4). Esse é o texto mais antigo do Novo Testamento que se refere a Maria.

No Atos dos Apóstolos, ela também aparece com os apóstolos e outros discípulos de Jesus em Jerusalém (At 1,12-14). Como mãe solícita, acompanha os seguidores de seu Filho ao mesmo tempo que é a mais fiel e perfeita díscipula. Ao longo da história da Igreja, continuará acompanhando e intercedendo pelo povo de Deus que caminha entre luzes e trevas.

E, no Apocalipse, Maria aparece como Imagem da Igreja. Gloriosa, revestida do sol, pisando a lua, coroada por doze estrelas, em dores de parto e lutando contra o mal (Ap 12,1-9). Da mesma forma, a Igreja é revestida do sol, que é Cristo; pelo Batismo, gera os cristãos; e continua lutando contra tudo que possa afastar o homem da presença de Deus.

Conclusão

Maria aparece de modo prefigurado já no início da criação. Se a primeira mulher se deixou seduzir pela serpente, a segunda luta contra o dragão, que, segundo o livro do Apocalipse, é a antiga serpente. Em seu *fiat*, ela acolhe a verdadeira vida, ao contrário da primeira mulher, que acolheu a morte. Já nas primeiras páginas do Gênesis, Deus anuncia a grandeza de Maria e diz para a serpente que essa Mulher lhe ferirá a cabeça.

Dessa forma, ela se faz presente nos principais momentos da história da salvação. Não apenas na anunciação do nascimento de Jesus e no monte Calvário, mas em toda a sua vida pública, acompanhando os primeiros cristãos em Jerusalém. Uma presença silenciosa e quase que despercebida, mas fundamental para a vida do Filho e da Igreja. Maria nos ensina a sermos discípulos do Senhor, pois, entre todos os seguidores de Cristo, ela é a discípula perfeita.

II

Os dogmas marianos

O dogma é uma verdade de fé revelada. Os dogmas não são invenções dos Papas ao longo da história. Para que um dogma seja proclamado, são necessários anos de estudos, consultas aos bispos e teólogos, de todo o mundo, e escuta aos apelos dos fiéis. Quatro são os dogmas marianos: a Maternidade Divina, a Virgindade Perpétua, a Imaculada Conceição e a Assunção gloriosa de Maria ao céu em corpo e alma.

As bases teológicas para fundamentação de um dogma são a Sagrada Escritura e a Tradição. Uma complementa a outra e enriquece o Magistério da Igreja. Afirmar a Sagrada Escritura e anular a Tradição[5] foi o erro dos protestantes. Da mesma forma, não se pode imaginar que a Tradição se sustente sem a Sagrada Escritura. É um caminho de mão dupla.

[5] A Tradição é a compreensão continuada do dado de fé que vem desde os apóstolos.

Os dogmas marianos ressaltam, sobretudo, a ação de Deus na vida de Maria. Ao mesmo tempo em que falam da grandeza da jovem de Nazaré, trazem como centro de sua mensagem a Pessoa de Cristo, por isso também são dogmas cristológicos. A vida de Maria e a vida de Jesus são duas realidades que não podem ser entendidas separando-as. Por fim, eles falam também do mistério de nossa salvação, pois tudo que envolve Jesus e sua Mãe se liga diretamente à vida dos cristãos.

1. A maternidade divina

No ano de 431, a Igreja viveu o Concílio[6] de Éfeso. Um concílio é sempre um momento de expectativas para os fiéis, mas é sobretudo ação do Espírito Santo na vida de fé do povo de Deus. Ao longo da história da Igreja, vão se cumprindo as palavras de Jesus: "O Espírito Santo... vos relembrará tudo o que vos tenho dito" (Jo 14,25). Maria, por estar associada ao mistério de Cristo, é parte integrante dessa revelação.

[6] É a reunião dos líderes religiosos, presidida pelo Papa para tratar sobre diversas questões da fé, da doutrina, da disciplina eclesiástica etc.

No capítulo anterior, já falamos da relação entre Eva e Maria. A primeira duvida de Deus e se deixa ser seduzida pela serpente, tornando-se, assim, causa de morte para a humanidade; enquanto a segunda acredita na ação divina e se coloca totalmente disponível para sua ação, tornando-se causa de salvação para os homens.

Todo dogma mariano é consequência da ação de Deus na vida da Virgem. Em volta da teologia mariana dos dogmas, encontra-se a afirmação do poder de Deus. O dogma de Maria, Mãe de Deus, ressalta sobretudo a divindade de Cristo. A heresia nestoriana, que negava que Maria era Mãe de Deus, negava, ao mesmo tempo, que Cristo era Deus. Contra essa corrente herética, o Concílio de Éfeso afirmou que "a Virgem é Mãe de Deus por haver gerado, segundo a humanidade, um Filho que é pessoalmente Deus" (LAURENTIN, 1965, p. 57). Maria é Mãe de Deus segundo a carne, que foi assumida pelo Verbo Divino no Mistério da Encarnação. Os Concílios posteriores ao de Éfeso confirmaram a verdade de fé atribuída ao título de Mãe de Deus: Calcedônia em 451, Constantinopla em 553 e Constantinopla III em 681.

A maternidade divina tem seu início no anúncio do anjo Gabriel e a encarnação do Verbo (Lc 1,36-

38). Maria não teve uma atitude passiva diante do anúncio, mas ativamente participou da mensagem indagando Gabriel e consentindo para que se cumprisse nela a mensagem anunciada. No ventre de Maria, Deus vai sendo formado em um corpo humano. Agora, a presença do Senhor entre os homens supera a do Antigo Testamento (Êx 40,35). Em Maria, essa presença não é apenas divina, mas é também humana. Por isso a Virgem se torna a *Mãe de Deus feito homem.*

Os nestorianos questionavam como Maria poderia ser Mãe de Deus, se Deus é eterno. Diante disso, o Concílio de Éfeso recordou que Maria é Mãe de Deus segundo a humanidade de Jesus, ressaltando o fato de que Jesus é uma pessoa divina com duas naturezas (divina e humana). Os Padres da Igreja nunca duvidaram desse fato, alegando que a Virgem não era apenas um canal pelo qual passou o Verbo e que a origem de Cristo, em sua humanidade, provém de Maria, pois foi em sua carne que Cristo foi gerado.

Como tudo o que se refere a Maria está envolto no Mistério de Cristo, afirmar a maternidade divina é confirmar o Senhorio de Cristo. Assim, o Dogma da Mãe de Deus é, sem sombra de dúvida, cristológico e se encontra diretamente ligado ao plano da salvação. Pois, segundo São Paulo, Deus enviou seu Filho, nascido de mulher, para que os homens recebessem a filiação adotiva (Gl 4,4).

Essa verdade de nossa fé recorda-nos o imenso amor de Deus por nós. Ele quis fazer-se um de nós, assumindo nossa condição humana e, em tudo, foi humano, com excessão da mancha do pecado. Se Deus, ao se fazer homem, não tivesse uma mãe e não fosse gerado no seio de uma mulher, como poderia ter assumido a carne humana? É bonito perceber que, nessa história, Deus contou com Maria, e ela, por sua vez, assumiu a missão de ser educadora do Filho de Deus.

O Filho de Deus Pai e o Filho de Maria é um único Filho. Na oração litúrgica, a Igreja reza ao Pai por Cristo no Espírito. Maria, ao interceder por nós, diz ao Pai: "Peço-te por Cristo, nosso Filho" e não por Cristo vosso Filho, como nós rezamos. E a maternidade que o Pai confiou a Maria, na encarnação do Verbo, Cristo a confiou na hora da cruz, entregando-a por Mãe a João, que representa todos os seus discípulos e a Igreja que nasceria em pentecostes sob a efusão do Espírito Santo.

Os documentos da Igreja, as Conferências Episcopais e, sobretudo, o Evangelho de Nosso Senhor nos dão toda a base de fé na compreensão do papel da Virgem, na vida de Cristo e no mistério de nossa salvação. Como Mãe da Igreja, Maria, dia e noite, vela pelos discípulos de seu Filho, intercede pelos pecadores, socorre os enfermos em suas dores, defende os pobres na luta contra as injustiças e, com seu exemplo, sustenta a fé de todo o povo de Deus, do qual ela é Mãe, membro eminente e primícia da glória futura.

2. A virgindade perpétua

Desde a origem da Igreja, os cristãos professam que Maria concebeu virginalmente, e virgem permaneceu durante e depois do parto. A Sagrada Escritura nos dá bases para a compreensão do dogma da virgindade perpétua de Maria. No capítulo 1 do Evangelho segundo São Mateus, o evangelista afirma que Maria concebeu Jesus sem ter tido intimidade com seu noivo José; ela engravidou por ação do Espírito Santo (v. 18). O mesmo anjo, que anunciou a Maria que ela seria Mãe de Jesus, foi encarregado de anunciar a José o que tinha acontecido e confirmar que a gestação da Virgem era obra de Deus (v. 20). Essa perícope do Evangelho encerra com a afirmação de Mateus: "E, sem que José a tivesse conhecido, ela deu à luz seu filho" (v. 25).

Já no Evangelho segundo Lucas, quando Gabriel anuncia a maternidade de Maria, ela indaga o anjo: "Como é que vai ser isso, se eu não conheço homem algum?" (Lc 1,34). Já falamos que esse *conhecer* significa uma intimidade *afetiva-sexual*. E o anjo responde: "O Espírito Santo virá sobre ti e o poder do Altíssimo vai te cobrir com sua sombra" (v. 36). Dessa forma, os evangelhos confirmam a fé da Igreja na virgindade de Maria.

Sabemos que o Credo é nossa profissão de fé. Nele estão contidas as verdades fundamentais expressadas pela Igreja ao longo da história. Nele, ao nos referirmos a Cristo, nós professamos: "Nasceu da Virgem Maria". A doutrina da virgindade de Maria não é nova, pois, desde os primeiros momentos do cristianismo, os cristãos se referiam à Mãe de Jesus como: Maria, a Virgem! Em 553, o Concílio de Constantinopla também fez essa referência.

A virgindade de Maria é comprovada nas palavras de Gabriel à Virgem: "Para Deus, com efeito, nada é impossível" (Lc 1,37). Por que a Igreja realça tanto esse dogma? Por vários motivos, entre os quais, a integridade física de Maria. Tudo nela pertencia exclusivamente ao Senhor, inclusive seu corpo. No entanto, não era apenas o corpo de Maria que era virgem, mas também seu coração. Nele Deus está plenamente! Em Maria, não existe dicotomia, contradição e parcialidade. Todo o seu ser feminino foi colocado a serviço do reino de Deus.

Maria foi sempre toda e exclusivamente de Deus, por isso sua virgindade foi perpétua. Nela tudo se encontra em real e autêntica consonância com o Pai e o Filho no Espírito. O amor por Cristo foi tão intenso que fez da Virgem não apenas sua Mãe, mas também sua discípula perfeita; em outras palavras, tudo em Maria convergia para Cristo e seu Reino.

Assim, a fé da Igreja deixa claro que Maria foi virgem antes do parto, no parto e depois do parto. *Antes do parto,* Mateus e Lucas deixaram isso muito claro ao escreverem os Evangelhos. *No parto*, pois, como já foi falado anteriormente, o que aconteceu foi ação de Deus. Maria, virgem, concebeu e, virgem, deu à luz. O Concílio Vaticano II reafirmou essa verdade de fé: ao nascer de Maria, Cristo "não lhe violou, mas consagrou a integridade virginal" (LG, 57). *Depois do parto,* os Evangelhos nunca mencionaram o fato de Ela ter tido outros filhos. Os evangelistas usam a expressão *os irmãos de Jesus* para falar de parentes que lhes eram próximos.

Já fora dito que tudo que se refere a Maria tem relação direta com o mistério de Cristo. Afirmar a virgindade perpétua de Nossa Senhora é afirmar a divindade de Jesus, que, sendo Deus, se fez homem, no seio de Maria e não violou sua integridade física. Além disso, Maria é imagem da Igreja, que deve ser toda virgem para Deus, ou seja, toda santa. Não é nada contra a sexualidade. É o sentido místico da virgindade como pertença total ao Senhor.

Jesus, ao nascer de Maria pela ação do Espírito Santo, inaugura no tempo uma nova história. Em Cristo, formou-se o povo da nova aliança. A salvação não é para uma parcela da humanidade, mas para todos os povos. Hoje, a virgem mãe Igreja gera novos filhos para Cristo por meio do Sacramento do Batismo. Não é sem razão que, por vezes, Maria e a Igreja recebem funções similares.

Ela é o modelo perfeito da Igreja de Cristo, pura e sem mancha, toda para o Senhor, Virgem oferente sem igual, sempre apontando para Cristo e primícia da glória final reservada aos eleitos. Muitos dos filhos da Igreja, olhando o exemplo de Maria, consagram-se a Deus pelos votos religiosos, entre eles, o voto da castidade. São homens e mulheres que não se conformam com a ideia de que o sexo é a realização plena da sexualidade.

Essa não pode ser resumida ao ato sexual, pois ela ultrapassa essa compreensão pequena que, por vezes, faz do ser humano mero objeto de prazer. Tudo em nós pertence a Deus, inclusive nossa sexualidade, por isso Maria foi toda inteira para Deus. Nela não existe nada que não esteja dirigido para o Senhor. Sua integridade abrange a completude de seu ser, ou seja, seu corpo e sua alma.

3. A Imaculada Conceição

O povo de Deus sempre acreditou e defendeu a Imaculada Conceição de Maria. A história nos revela que Pio IX, antes de declarar esse dogma, consultou os bispos do mundo inteiro e não deixou de lado o *Sensus Fidei* (tão importante para a vida da Igreja). No Oriente, desde o século VIII, celebrava-se a festa da Imaculada e, no século IX, passou a ser celebrada também no Ocidente.

Não apenas a fé popular ressaltou a Imaculada Conceição, a própria Escritura nos dá as bases necessárias para a compreensão do dogma. No relato de como o pecado original entrou no mundo, pelo desejo do homem de querer ser o Senhor de si, Deus diz à serpente que uma Mulher lhe ferirá a cabeça (Gn 3,15). A serpente é símbolo do mal.

De modo prefigurado, Deus anuncia, no início da criação, que, na história da humanidade, haverá uma mulher Imaculada que pisará o mal, e este não terá forças sobre ela. A Imaculada Conceição é totalmente submissa a seu Senhor. É a nova Eva que não pretende ser como Deus, antes se coloca como a serva do Reino (Lc 1,38). Na vida do povo de Deus, nenhuma criatura (nem mesmo entre os anjos), por mais santa que seja, é superior à grandeza de Maria.

No Cântico dos Cânticos, o esposo se refere à esposa nas seguintes palavras: "És toda bela, minha amada, e não tens um só defeito" (Ct 4,7). Em seguida, continua: "Quem é essa que desponta como a aurora, bela como a lua, fulgurante como o sol, terrível como esquadrão com bandeiras desfraldadas" (Ct 6,10). Os Padres da Igreja viram nessas passagens a figura de Maria, pois ela é a esposa por excelência do Espírito Santo, a Arca da Nova Aliança e o Tarbernáculo puríssimo onde podemos encontrar o Senhor.

O próprio anjo Gabriel se recusa a chamar Maria por seu próprio nome e a saúda como *A cheia de graça* (Lc 1,28), pois nela não se encontra a desgraça causada nos homens pelo pecado. Maria, em sua humanidade, em sua feminilidade, em sua maternidade e em todos os aspectos de sua vida, foi toda de seu Senhor. E, como resposta à ação dele em sua vida, exclamou: "O poderoso fez em mim maravilhas e santo é seu nome" (Lc 1,49).

Entre os grandes defensores do dogma da Imaculada Conceição, merecem destaque os filhos espirituais de São Francisco de Assis (os Franciscanos). A própria Virgem Maria se encarregou, em suas aparições, sobretudo, na Rue du Bac, em Lourdes e em Fátima, de assegurar ao povo de Deus que ela era a toda santa. Fato esse que seus simples fiéis nunca duvidaram e se recusaram a pensar diferente.

Como tudo em Maria se volta para Cristo, a Imaculada Conceição está diretamente ligada ao poder de Deus e à Encarnação do Verbo. Ao poder de Deus, porque foi Ele quem a preservou do pecado, não permitindo que nenhum mal a atingisse; e à Encarnação do Verbo porque o totalmente Santo, Jesus Cristo Nosso Senhor, não podia nascer de uma mulher que carregasse consigo o pecado original. Como nos questiona o livro de Jó: "Pode o puro nascer do impuro?" (Jó 14,4).

Assim rezamos no prefácio da Oração Eucarística para a Solenidade da Imaculada Conceição: "Puríssima, na verdade, deveria ser a Virgem que nos daria o Salvador, o Cordeiro sem mancha, que tira nossos pecados". A Imaculada Conceição nos remete à corredenção de Maria, que, ao participar em tudo da vida do Filho, contribuiu para nossa redenção. Na Virgem Mãe, a graça de Deus alcançou plenamente o ser humano. Quem pode se comparar a ela?

Entre as criaturas, Maria foi a primeira redimida por Cristo. Como nos atesta o Concílio Vaticano II: "ela foi redimida de modo sublime" (LG, 53). A Imaculada Conceição de Maria se dá por duas vias: concebida sem a mancha do pecado e preservada do pecado durante toda a sua existência. Desde toda a eternidade, o Pai pensou na Virgem toda pura e sem mancha, esmagando a cabeça da serpente (Gn 3,15) e combatendo contra o dragão (Ap 12). E, como primeira redimida, torna-se a Mãe do Redentor e dos que na cruz foram redimidos pelo sangue do Cordeiro Santo de Deus, que é Jesus Cristo, Nosso Senhor.

Com isso, entende-se que sem Cristo não existe remissão dos pecados. Foi por mérito dele que Maria foi preservada e é também por meio dele que nós somos justificados de nossas faltas como nos ensina o Catecismo da Igreja Católica. Sem Cristo, ninguém se salva. Nos sacramentos, nós somos curados das feridas que o pecado causa em nós.

O cristão, ao lutar contra o pecado, sabe que pode contar com a Virgem Mãe de Deus, pois, como rezamos na Ladainha, ela é o "refúgio dos pecadores". Sem pecado sim, mas nunca indiferente a nossas fragilidades. Em sua condição de mãe, acompanha seus filhos nas estradas do mundo e sabe que essas são cheias de perigos. Em todos os momentos, podemos olhar para a Imaculada e, como crianças assustadas, gritar pelo auxílio da mãe: "Eia, pois, advogada nossa, esses vossos olhos misericordiosos a nós volvei".

4. Assunção gloriosa de Maria ao céu em corpo e alma

A assunção gloriosa de Maria ao céu, em corpo e alma, é o mais recente dogma mariano, proclamado em 1 de novembro de 1950, pelo Santo Padre Pio XII. Assim, como nos dogmas anteriores, bem antes que a Igreja proclamasse a assunção de Maria, como uma verdade de fé, os cristãos de todo o mundo se organizavam em defesa do dogma e muitos bispos escreviam ao Papa solicitando sua declaração.

Se Maria esteve durante toda a sua vida unida a seu Filho, participando do mistério de sua vida e colaborando na redenção, não poderia ela ter sido esquecida na mansão dos mortos. Como vimos no dogma da Imaculada Conceição, a Virgem Mãe de Deus foi preservada da mancha do pecado original. Assim, como poderia seu corpo padecer da mesma corrupção de que padecem os corpos dos pecadores? A Sagrada Escritura não fala explicitamente sobre a assunção gloriosa de Maria ao céu em corpo e alma. O que os textos bíblicos nos oferecem são algumas pistas para compreendermos essa verdade de fé.

A mulher que venceria a serpente (Gn 3,15) também não venceria a morte e a corrupção do corpo? Como se pode imaginar que ela, que, durante toda a vida, foi tão unida a seu Filho, poderia ser esquecida por Ele após sua morte? Se Cristo na cruz, em momentos antes de sua morte, prometeu ao bom ladrão: "hoje estarás comigo no Paraíso" (Lc 23,39), o que teria Ele dito a sua mãe, na hora em que ela estava prestes a partir deste mundo?

A nova Eva, que é a verdadeira mãe dos viventes, ou seja, mãe daqueles que em Cristo receberam a vida nova, não podia experimentar a supremacia da morte sobre ela. A mulher, que em tudo foi disponível à ação de Deus (Lc 1,38), que foi proclamada cheia de graça (Lc 1,28.42) e bendita entre todas as mulheres da terra, que em um hino de louvor afirmou que o todo-poderoso fez nela coisas grandiosas (Lc 1,49), de modo algum poderia ter um fim qualquer.

Já vimos, no capítulo anterior, que Maria é a Arca da Nova Aliança. Nela, encontramos Cristo, a Palavra Eterna do Pai e verdadeiro Pão da Vida. Pois bem, no livro do Apocalipse, São João nos afirma que: "abriu-se o templo de Deus, que está no céu, e apareceu a Arca da Aliança" (Ap 11,19). Quem pode duvidar que Maria já está glorificada, em corpo e alma, no céu? Quem de nós, com que autoridade, pode dizer que a Mãe de Jesus permanece na morada dos mortos, esperando o dia de sua libertação?

A assunção gloriosa de Maria ao céu está diretamente ligada à ressurreição e à ascenção de Cristo. São Paulo nos garante que: "Cristo ressuscitou dos mortos como primícia dos que adormeceram" (1Cor 15,20). E mais à frente continua: "Pois, assim como todos morrem em Adão, em Cristo todos receberão a vida. Cada um, porém, em sua ordem: como primícias, Cristo; depois aqueles que pertencem a Cristo, por ocasião de sua vinda (v. 22-23). Quem pertenceu mais a Cristo senão sua própria Mãe? Na ordem estabelecida, depois de Cristo, Maria está em primeiro lugar.

Como vimos na teologia de Mateus, Maria é a Rainha-Mãe (Mt 2,11); como no Antigo Testamento, a Rainha-Mãe era colocada ao lado direito do Filho-Rei (1Rs 2,19). Quem não aceitar a realeza de Maria e o fato de que ela se encontra à direita do Filho também não queira ir para o céu, pois é assim que se encontra a Virgem Santa na morada reservada aos eleitos. Quem nos garante isso? A própria Escritura. Em Apocalipse 12, a Mulher revestida de sol, com a lua debaixo dos pés e coroada por doze estrelas, é a Igreja e é Maria.

Ela é revestida do sol, que é o próprio Cristo. O Filho Bendito reveste sua mãe com a luz de sua glória. Ela pisa a lua, porque já se encontra na morada eterna, ou seja, no definitivo. A lua representa a instabilidade do mundo, pois ela muda o tempo todo: nova, minguante, crescente e cheia. Maria não se encontra mais no tempo cronológico. É coroada por doze estrelas. Doze são as tribos de Israel e o número dos apóstolos. Maria é a honra do povo da primeira aliança e é também a Rainha do novo Israel, que é a Igreja.

A Mulher do Apocalipse também está grávida, como a Igreja que gera os cristãos nas águas do Batismo. Ela luta contra o dragão, que é a antiga serpente – imagem da Igreja que ainda hoje luta com a força de Cristo, para vencer o mal no mundo. Não se pode pensar na Igreja sem pensar em Maria, e não se pode pensar em Maria, sem pensar na Igreja. Essas duas figuras nos remetem sempre para Cristo e seu Mistério.

A salvação que Cristo trouxe já transfigurou totalmente sua mãe, como toda a Igreja que será transfigurada, na vinda de seu Senhor. Maria, em sua assunção, é a imagem do futuro da Igreja; em outras palavras, é a imagem de cada discípulo de Jesus. E ela já se encontra, em corpo e alma, na glória, porque entre Maria e o pecado não existiu pacto algum. Aquela, que perfeitamente sofreu com Cristo ao longo da vida e aos pés da cruz, agora é glorificada. Sem Cristo, Maria não seria glorificada. Como nos diz São Paulo: "Se com Ele morremos, com Ele viveremos" (2Tm 2,11).

A assunção de Maria é fonte de esperança para todo o povo de Deus, pois o que aconteceu com ela acontecerá conosco no dia estabelecido pelo Pai. Esse dogma também nos recorda que a morada do cristão é o céu. Não fomos criados para este mundo, mas para vivermos plenamente em Cristo, que é "o autor e consumador de nossa fé" (Hb 12,2). Ela também nos recorda as próprias palavras da Virgem, no hino do Magnificat: "Depôs poderosos de seus tronos, e a humildes exaltou" (Lc 1,52). Maria foi a humilde serva do Senhor, a pobrezinha de Nazaré, em quem "Deus pousou seu olhar" (Lc 1,48) e a fez tão forte que lhe deu o poder de pisar a cabeça da serpente e de combater contra o dragão (Gn 3,15; Ap 12). De fato, Maria é "a invicta Judite", que, assunta ao céu, intercede por nós junto ao Filho, ainda mais no mundo marcado pelo desprezo à mulher, pelo tráfico de pessoas, pelo uso do corpo, simplesmente como objeto de prazer, e por tantas formas de violação aos direitos fundamentais que desembocam na instrumentalização do ser humano. A assunta ao céu nos recorda que cada ser humano deve ser respeitado em todos os aspectos, inclusive em seu corpo, pois este é também local da manifestação do poder de Deus.

Conclusão

Os dogmas marianos nos falam da grandeza de Maria, dentro do plano divino da salvação. A vida da Virgem Mãe foi sempre cercada pelo mistério do Filho. Desde o anúncio do anjo até os últimos momentos da vida terrena de Jesus, Maria precisou apegar sua fé a Deus. Nem sempre compreendeu claramente os acontecimentos de sua vida, no entanto nunca voltou atrás e em tudo foi fiel ao sim dado a Deus.

A Maternidade Divina, a Virgindade perpértua, a Imaculada Conceição e a Assunção gloriosa ao céu, em corpo e alma, são consequências da ação de Deus e da disponibilidade de Maria. Por isso, durante o ano litúrgico, celebramos essas festas, para nos recordarmos que tudo em nós é graça de Deus! Que o exemplo da toda santa nos inspire no caminho da santidade conformando nossa vida à de Jesus.

III

Maria, o Concílio Vaticano II e a devoção popular mariana

1. Contextualizando o capítulo VIII da *Lumen Gentium*

Lumen Gentium é a Constituição Dogmática do Concílio Vaticano II que fala sobre a Igreja. Em seu capítulo oito traz como tema: "A Bem-aventurada Virgem Maria no Mistério de Cristo e da Igreja". Na primeira parte do referido capítulo, reflete-se sobre a importância da Virgem no Mistério de Cristo, enfatizando os principais momentos da vida de Jesus em que se fazia presente sua Santa Mãe.

No segundo momento, reflete-se sobre a relação de Maria com a Igreja. Ela que colaborou com a obra da redenção, continua colaborando com a missão dos discípulos de seu Filho. É modelo da Igreja, Virgem e Mãe, totalmente disponível ao Senhor no serviço do Reino. Assim, os cristãos olham para ela e buscam imitar suas virtudes, sobretudo a fidelidade ao projeto do Pai.

Por fim, reflete-se sobre o culto que é prestado a Maria. Toda graça dela provém de Deus, assim sendo o culto mariano é, em última instância, o reconhecimento dos cristãos ao Senhor, que, em Maria, fez coisas grandiosas. Toda adoração é prestada à Trindade Santa. Nossa Senhora recebe um culto de veneração, de profundo respeito e amor por parte dos discípulos de seu Filho, os quais, no cotidiano, procuram imitar seus exemplos.

2. No Mistério de Cristo e da Igreja

O Espírito Santo suscita, em nosso coração, um amor especial à Mãe de Jesus. Dessa forma, o Concílio Vaticano II, querendo responder às necessidades da Igreja, não deixou de lado a reflexão sobre o papel de Maria na vida dos fiéis, que sempre se identificaram com Nossa Senhora, sobretudo, os que são pobres e carregam em si as marcas das consequências da pobreza e do sofrimento. Não é por acaso que o povo muito estima o título dado a Maria, como Nossa Senhora das Dores.

A Mulher, que estava ao pé da cruz (Jo 19,25-27), é a Mãe do Redentor, o único mediador entre nós e o Pai (Tm 2,5-6). Em sua missão de participar dos mistérios da vida de Cristo, tornou-se ela também a Mãe dos remidos. No entanto essa mesma Mulher é membro do povo de Deus, mas não um membro como todos os outros, e sim modelo eminente para os demais.

Sabemos que Lucas retrata Maria como a Mulher de fé, disponível ao projeto de Deus e que, apesar de "sua pequenez", não hesitou em se tornar a Mãe do Messias. Segundo a Constituição Dogmática *Lumen Gentium*, quando Maria consentiu com o nascimento de Jesus, ela abraçou inteiramente a vontade de Deus, sujeitou-se ao Filho e se tornou sua discípula. Assim sendo, ela contribuiu para nossa salvação.

Quem diria que aquela humilde jovenzinha de Nazaré (que era uma região pouco importante) encontraria tanta graça aos olhos de Deus? A devoção mariana também precisa compreender Maria, dentro de seu contexto histórico. Isso nada diminui sua pessoa, pelo contrário, ressalta a grandeza dessa jovem mulher e nos ensina que a fé exige do cristão atitudes maduras, diante do projeto de Deus. Como diz o Frei Ignácio Larrañaga: "Maria é senhora de si mesma antes de ser Nossa Senhora".

Sua fé não é uma fé ingênua ou alienada da realidade. Quando Gabriel lhe anuncia o nascimento de Jesus, Maria, mesmo acreditando, não deixa de questioná-lo: "Como acontecerá isso se eu não conheço homem algum?" (Lc 1,34). Ela é o modelo perfeito do crente, que não duvida da ação de Deus, mas também não deixa de se colocar com responsabilidade diante da missão que lhe é confiada. O Concílio Vaticano II, baseado no texto da anunciação, presente no Evangelho segundo São Lucas, ressaltou que a resposta de Maria foi livre e consciente. Dessa forma, entendemos que, sem liberdade interior e consciência de si mesmo, não existe uma real entrega e consagração da criatura a seu Criador. Por isso o documento conciliar, por vezes, faz referência à fé da Virgem, que, no dizer de Agostinho, foi o primeiro modo no qual ela concebeu Cristo.

Por sua fé, Cristo pôde se encarnar e assim restaurar a natureza humana, isto é, Deus, em seu infinito amor, fez-se homem e assumiu em seu próprio corpo os sofrimentos humanos. A fé cristã tem início com um fato: "O Verbo divino se fez carne" (Jo 1,14). Nesse mistério da Redenção, manifesta-se o amor de Deus, que nos amou em seu Filho Jesus. A real devoção mariana só pode ser entendida no contexto do mistério da salvação.

Dessa forma, o *hino do magnificat* respondeu ao porquê de muitos cristãos venerarem e prestarem culto à Mãe de Jesus: "Porque o Todo-poderoso fez nela maravilhas" (Lc 1,49). E a Sagrada Escritura também nos ensina que o verdadeiro devoto da Virgem é aquele que vai, às pressas, levando o Cristo aos outros, colocando-se a serviço dos mais necessitados (Lc 1,39). Quem de verdade vive a experiência de ter sido encontrado pelo Senhor não consegue guardar para si a alegria desse encontro. Logo, sai e vai anunciá-lo com entusiasmo e alegria.

Essa pressa de Maria ainda nos ensina a olhar, com solicitude, o sofrimento das pessoas, a se compadecer daqueles que vivem na periferia da sociedade e, principalmente, a não hesitar em fazer Cristo conhecido e amado. E tudo isso é obra do Espírito Santo, que, ao trabalhar em nós, nos impulsiona para os caminhos da evangelização. Quem vive segundo o Espírito não consegue ficar parado, acomodado ou preso a seu próprio mundo. Por isso o Concílio Vaticano II também lembrou à Igreja seu papel missionário e que, nesse papel, deve se espelhar na grande missionária, que é Maria de Nazaré.

A jovem, que "por Gabriel fora evangelizada", torna-se a primeira evangelizadora da nova aliança. E, no dia de Pentecostes (At 2,1-4), faz-se presente entre os discípulos, que testemunham a ressurreição de Cristo e recebem a efusão do Espírito Santo. A Igreja, nascente em Jerusalém, aprende com Maria que a evangelização não é propaganda, mas o anúncio daquilo que se experimentou no encontro com Cristo.

Deus deixou Maria livre para responder sim ou não à mensagem que Gabriel lhe transmitira. Contudo a Virgem não só respondeu sim, como também, pouco a pouco, foi se tornando discípula do próprio Filho. E isso se deu porque a jovem nazarena era uma pessoa livre, mulher autônoma e nela se realizava a expectativa do povo de Israel na vinda do Messias. Em tudo foi Maria colaboradora de Cristo e, com tamanha humildade, nunca buscou aplausos para si, antes, apontava para Jesus como aquele que nos dá o vinho novo da alegria (Jo 2,1-12).

Assim, a devoção mariana reconhece Nossa Senhora como a primeira crente do Novo Testamento e nossa irmã na fé. O Concílio Vaticano II, ao falar de Maria e de seu papel no mistério de Cristo e da Igreja, procurou dar ênfase à espiritualidade dessa jovem judia, que, como todos os judeus, esperava a vinda do Senhor. Apesar de ser proclamada "cheia de graça", ela se coloca como "a serva do Senhor", tornando-se o modelo eminente da Igreja.

A Filha de Sião é parte do povo de Deus. Foi escolhida entre as jovens de todo o mundo e de todos os tempos. A Igreja, ao olhar para Maria, reconhece que de fato ela é a "bem-aventurada que deve ser proclamada por todas as gerações" (Lc 1,48). Na história da humanidade, nunca se ouviu falar de uma criatura mais agraciada por Deus do que a humilde menina de Nazaré. Na perspectiva da *Lumen Gentium*, o mistério de Maria se consome na "conformação a Cristo". Assim, Mariologia e Cristologia são retalhos de um único tecido que é o mistério da salvação.

3. A Igreja de Cristo e a Virgem Maria

Na Igreja, Maria continua exercendo seu papel maternal. E disso muitos cristãos são testemunhas. Não é por acaso que ela é venerada com os títulos de "Auxiliadora", "Advogada" e "Perpértuo Socorro". Desde os primeiros séculos da era cristã, os seguidores de Cristo recorriam com confiança filial à Mãe de Jesus. Acreditavam piamente que ela se fazia presente no céu e da lá intercedia, dia e noite, por aqueles que na terra ainda estavam a combater contra o dragão (Ap 12,17).

Sabendo que a história da salvação é retratada, tanto no Antigo como no Novo Testamento, e que em ambas as partes a Sagrada Escritura menciona uma Mulher, que é parte do projeto de Deus, a Igreja, amparada pela revelação divina, compreendeu que essa Mulher era Maria. Para o Concílio Vaticano II, ao longo da história, a figura de Maria se tornou cada vez mais clara. Sendo assim, afirma o Frei Clodovis Boff, em seu livro *Introdução à Mariologia*, que, no estudo sobre Maria, é importante se ater a algumas palavras que o Vaticano II usa ao falar de Maria: "consentiu", "contribuiu", "respondeu", "consagrou-se totalmente..." (BOFF, 2004, p. 100).

No entanto, para viver o sim que foi dado na anunciação, Maria precisou pautar sua vida na dimensão da fé. Para isso não bastava seu esforço, antes, era-lhe necessário a graça de Deus, e, como sabemos, essa nunca lhe faltou. Alguns devotos da Virgem sentem dificuldades em pensar que Maria também precisou trilhar o caminho do amadurecimento na fé. Isso se dá porque, muitas vezes, foi-lhes apresentada uma Maria "toda pronta, que tudo sabia e que a tudo aceitava passivamente".

4. Maria é mãe e modelo da Igreja

Maria pertence à identidade da Igreja da qual ela é um membro perfeito, por isso pensar a Virgem fora da Igreja é pensá-la de modo distorcido. Para o Concílio Vaticano II, Maria desempenha um papel significativo na vida e na missão da Igreja. Ela exerce uma função maternal como mãe dos discípulos de Cristo, ao mesmo tempo em que é modelo da Igreja.

A jovem nazarena é a primeira discípula de Cristo, a primeira entre os crentes da nova aliança. Assim sendo, os documentos conciliares manifestam o amor da Igreja para com a Mãe de Jesus. Seus devotos têm consciência de que ela não é uma deusa ou que ocupa um lugar na Trindade. Contudo reconhecem a grandeza de sua pessoa e o lugar que ocupa no projeto do Reino de Deus.

A Virgem Santa é a filha predileta do Pai, escolhida desde o princípio (Gn 3,15), e imagem do futuro da Igreja (Ap 12,1). É também a Mãe amorosa do Filho (Lc 1,30): educou-o nos caminhos da fé judaica, acompanhou-o durante toda a vida e, na hora suprema de sua dor, permaneceu de pé junto à cruz. Além do mais, ela é a esposa fiel do Espírito Santo, o qual a fecundou para que gerasse Cristo (Lc 1,25).

O nome Maria ficou conhecido entre os cristãos católicos como sinônimo de mãe. Ela é aquela que acolhe, educa e cuida. É o refúgio na hora da dor, a esperança dos que não têm esperança e a causa de nossa alegria. É instintivo no povo de Deus recorrer a Ela nos momentos de perigo e medo, nos momentos de enfermidade e agonia, diante das quedas da vida e do cansaço causado pelo pecado.

Maria traz consigo todos os aspectos da maternidade. Os documentos conciliares não se afastam dessa perspectiva, nem muito menos os devotos dela. A Virgem da consolação, da piedade, dos aflitos etc. é a mãe do discípulo amado (Jo 19,26), da Igreja e o modelo perfeito de solidariedade com os que sofrem, com os pobres e marginalizados. Todos esses, que são autênticas imagens do Cristo sofredor, reconhecem, em Maria, os traços essenciais de uma mãe.

Ela sabe ser amorosa, acolher com ternura, sem acusações, corrigir com clemência e, acima de tudo, segurar o filho pela mão e conduzi-lo aos caminhos do bem. Quem vai por Maria termina em Jesus. Sua maternidade tem como centro o mistério de Cristo. Por isso afirmou o saudoso papa João Paulo II, na Encíclia *A Mãe do Redentor*, que, em sua maternidade, ela exerce sua mediação.

> A mediação de Maria está intimamente ligada a sua maternidade e possui um caráter especificamente maternal [...] Tal função é especial e extraordinária. Ela promana de sua maternidade divina e pode ser compreendida e vivida na fé somente se nos basearmos na plena verdade desta maternidade. Sendo Maria mãe do Filho e cooperadora generosa na obra da redenção, ela se tornou para nós mãe na ordem da graça (RM, 38).

É pela graça de Deus e por mérito de sua misericórdia para conosco que podemos chamar Maria de mãe. Sua maternidade é contínua nos cristãos. E não podemos esquecer que, além de sua função maternal, ela faz parte dos membros da Igreja. É nossa mãe e nossa irmã na fé. O que de modo algum diminui sua pessoa. Pelo contrário!

O papel de Maria na Redenção é perfeitamente unido ao de Cristo em sua encarnação. Como vimos, na definição do primeiro dogma mariano, a jovem nazarena é a Mãe de Deus, feito homem, que, assumindo a natureza humana, mudou o sentido e o rumo da história. E isso se deu porque Maria, em sua humildade, soube ouvir a voz de Deus e corresponder a seu apelo. Dessa forma, a *Lumen Gentium* refere-se a Maria como aquela que sabe ouvir, acolher e participar do mistério da salvação.

Assim, o Concílio Vaticano II entende e explica em que consiste a mediação de Maria. É uma *mediação participada* da única mediação de Cristo, não exclui nem ocupa o lugar do Redentor em sua mediação entre nós e o Pai. Desse modo, o referido concílio ressalta o caráter cristocêntrico da missão da Virgem, em sua mediação materna. É uma *mediação subordinada* à mediação de Cristo.

Chegando a esse ponto de nossa reflexão, é necessário retornar à relação entre Maria e a Igreja. Ambas se correlacionam em seu papel de mediação, e a Igreja encontra em Maria seu modelo por excelência. Assim sendo, ao apresentar Maria como participante do mistério de Cristo, o Concílio Vaticano II a introduz também no mistério da Igreja. A devoção popular mariana, em sua catequese, não pode deixar passar despercebida essas duas realidades que se complementam.

João Paulo II, que foi um grande devoto de Maria, ao escrever a já citada carta: *Redemptoris Mater*, afirmou que faz parte do conhecimento e do ensino da Igreja o fato de que:

> Todo o influxo salutar da Santíssima Virgem Maria em favor dos homens se deve ao beneplácito divino e dimana da superabundância dos méritos de Cristo, funda-se em sua mediação, dela depende absolutamente, isso nada impede o contato imediato dos fiéis com Cristo, mas o facilita (JOÃO PAULO II, RM, 38).

Maria, de modo algum, quer ser causa de separação entre Cristo e os cristãos. Antes, ela, em sua mediação materna e como modelo da Igreja, é o vínculo de unidade entre o Filho Divino e seus discípulos. O Magistério da Igreja, tendo por base a Sagrada Escritura e a Tradição, reconhece na Santíssima Virgem uma verdadeira escola de fé, que só tem a contribuir para nossa caminhada em direção ao Senhor.

O Concílio Vaticano II ressalta a importância de Maria na vida e na catequese da Igreja, na certeza de que o real entendimento da pessoa de Nossa Senhora possibilitará uma maior compreensão dos mistérios da salvação, realizados em Cristo e continuados na missão da Igreja. Paulo VI, em um de seus discursos, durante o concílio, afirmou: "O conhecimento da verdadeira doutrina católica sobre a Bem-aventurada Virgem Maria constituirá sempre uma chave para a compreensão do mistério de Cristo e da Igreja" (PAULO VI, Discurso de 21 de novembro de 1964).

Quanto mais nos aprofundarmos no estudo sobre a Virgem Maria e a entendermos a partir da Sagrada Escritura e da Tradição da Igreja, mais perceberemos sua importância em nossa vida de fé. Não se concebe um cristão que diz amar Jesus e tê-lo como fundamento de sua vida e, ao mesmo tempo, desprezar ou ignorar a pessoa de Maria e seu papel no plano divino da redenção.

5. Maria do povo de Deus

A história de Maria nos faz compreender que Deus volta seu olhar para todos os seus filhos e sofre com os que sofrem. O *magnificat* não é apenas o cântico de Maria, mas de todo o povo de Deus desde a Antiga à Nova Aliança. É o cântico dos pobres, das mães de família que lutam pela sobrevivência dos filhos e os educa nos valores cristãos; é o hino dos jovens que, apesar do medo e da insegurança, não perdem a esperança. O *magnificat* é, sobretudo, o louvor da Igreja, que reconhece a ação de Deus na vida dos pequenos.

Em um mundo como o nosso, onde as pessoas valem por aquilo que possuem, e não por aquilo que são, a Igreja nos ensina a olhar para essa jovem nazarena e nela descobrirmos que, entre os pobres da bem-aventurança (Mt 5,3), ela está em primeiro lugar, e seu exemplo nos impulsiona a querer imitá-la. Esse é o grau supremo da devoção mariana: a imitação de suas virtudes.

Sabemos que Maria foi uma "simples mulher" do povo de Deus. No entanto, em sua humildade, ela foi elevada pelo próprio Deus como a Mãe do Rei (Lc 1,32-33). Mesmo assim, não buscou para si o reconhecimento do mundo, das autoridades judaicas nem de seus familiares e vizinhos. Antes, colocou-se como a serva do Senhor (Lc 1,38), totalmente despreendida de si, dando a Deus todo poder sobre ela e deixando que Ele conduzisse o rumo de sua vida.

Dessa forma, esses traços de Maria ajudam a Igreja e cada cristão, em particular, a buscarem pautar sua vida segundo a vontade de Deus. O exemplo de Maria nos inspira a sermos discípulos fiéis de Jesus, escutando sua palavra com atenção, meditando-a e guardando-a em nosso coração, colocando-a em prática em nossa vida e anunciando a alegria da Boa-Nova do Reino a todos os homens de boa vontade.

6. A dimensão do culto mariano

O culto cristão é, em seu âmago, prestado à Trindade Santa. Na liturgia, dirige-se ao Pai, por Cristo no Espírito Santo. No entanto a Igreja reconhece que o culto aos anjos, aos santos e, sobretudo, à Virgem Maria não é por mérito deles, e sim por aquilo que a ação de Deus fez em sua vida. O culto mariano tem, em seu centro, uma dimensão cristológica. Para o Frei Clodovis Boff: "Enquanto se honra a Mãe, o Filho é reconhecido, amado, glorificado e obedecido" (BOFF, 2004, p. 115).

Se Maria participa do mistério de Cristo, não participaria também do culto que a Igreja presta a seu

Filho? A Cristo a Igreja presta o culto de adoração, e a Maria, o culto de veneração. Durante o Concílio Vaticano II, várias reflexões foram feitas sobre o modo de se celebrar os mistérios de nossa salvação. Reflexões essas que desembocaram na chamada *reforma litúrgica*, que, por sua vez, revisou as festas marianas e seu sentido dentro da celebração dos mistérios de Cristo.

As festas marianas, presentes ao longo do ano litúrgico, ajudam-nos em nosso caminhar rumo a Deus. Nas estradas da vida, os cristãos sabem que não caminham sozinhos, e sim amparados pelo auxílio da Mãe de Jesus, que, por séculos, também é invocada na Igreja como Auxiliadora. A Constituição Dogmática *Lumen Gentium* afirma que: "Ela brilha como sinal de esperança e de auxílio do povo de Deus em peregrinação" (n. 68).

Ela, que caminhou com o Filho Divino, acompanhando-o desde Belém até o Calvário, foi colaboradora do Pai na educação e nos cuidados de Jesus (educando-o enquanto homem) e esteve presente nos principais momentos de sua vida, continua caminhando conosco até que alcancemos a meta de nossa fé, que se realizará na vida eterna. O culto mariano encoraja aqueles que não conseguem caminhar sozinhos, por isso recorrem à ajuda materna de Maria para que possam suportar o peso da cruz.

Quando carregamos nossa cruz, deparamo-nos com nossas fragilidades e percebemos o quanto somos limitados e necessitamos uns dos outros. Assim, a dor nos humaniza, e Maria nos ensina a acolhermos os outros como nossos irmãos e a ajudá-los a trilhar o caminho da santidade. Ela indica a todos os seus devotos o caminho de Cristo, como a única via para nos tornarmos pessoas melhores, participantes da festa em que o vinho novo da alegria transborda nas jarras de nossa vida (Jo 2,6-10).

Uma oração "não litúrgica", mas muito estimada pelo povo de Deus e que, ao longo da história da Igreja, vem formando muitos santos, é a do Rosário. Oração que, por vezes, sustentou a fé de muitos cristãos, nos embates da vida e diante das dificuldades de acesso às Celebrações Eucarísticas. Em pequenos povoados, em vilas rurais e aldeias, onde o sacerdote ia poucas vezes ao ano, devido aos empecilhos da distância, o povo fiel se agarrou à oração do Rosário e, assim, conseguiu manter firme sua vida de intimidade com Deus, pela meditação dos principais mistérios da vida de Jesus.

É uma oração simples e profunda ao mesmo tempo. Faz-nos colocar na dinâmica da meditação e contemplação de algumas passagens bíblicas. Por isso dizem ser o Rosário "a Bíblia que Deus deu ao povo". Maria é essa mulher que esteve presente na vida das primeiras comunidades cristãs e hoje continua presente na vida dos cristãos, sobretudo, quando na oração invocam seu auxílio e sua proteção.

Contudo existe uma diferença entre o papel de Maria e a missão de Cristo. O Concílio Vaticano II se preocupou em dar, ou melhor, em esclarecer o sentido cristológico da devoção mariana e do culto prestado a Maria. Isso para se evitar distorções na piedade mariana, baseando-a apenas na relação sentimental. Como caminho de superação dessa devoção minimalista, o referente Concílio enfatizou a imitação das virtudes da Mãe de Jesus, o que possibilitou ainda mais o diálogo ecumênico.

Temos muito a aprender com Maria. Ela é uma autêntica escola de fé, amor, doação, escuta, fidelidade, atenção e prática, em tudo o que se refere à Palavra de Deus. Quem permanece na escola de Maria se torna um discípulo apaixonado pelo Mestre. Contudo ela só se tornou tudo isso porque soube ouvir, acolher e pôr em prática a mensagem de Deus em seu Filho Jesus.

Conclusão

Para bem entendermos em que consiste a devoção mariana, é necessário partirmos, em primeira instância, da Palavra de Deus, sem menosprezar a Tradição (procurando conhecer os documentos eclesiásticos). O Concílio Vaticano II muito ajudou a Igreja no entendimento da pessoa de Maria, dentro do mistério de Cristo e da Igreja. Duas realidades que se entrelaçam.

A devoção mariana não se limita à prática de orações piedosas. Isso é muito importante, mas, por si só, não é suficiente! É necessário uma devoção mariana que nos desestabilize, tire-nos de nosso mundinho e nos faça vê-lo com os olhos de Maria. A verdadeira devoção mariana é aquela que nos impulsiona a configurar nosso coração ao coração de Cristo. O autêntico devoto de Nossa Senhora sabe que ela não é "o caminho, a verdade e a vida"; antes, ela mesma nos aponta o Filho e nos diz: "Fazei tudo o que Ele vos disser" (Jo 2,5).

Ser devoto de Maria é permitir que ela prepare nosso coração como preparou a manjedoura para acolher o Menino Deus. Maria é a mestra de vida interior. A espiritualidade mariana é uma fonte de riqueza para a vida da Igreja e de cada cristão. Olhamos para a Mãe de Jesus e vemos que ela é o modelo eminente para todos os discípulos; assim procuramos imitar suas virtudes, na esperança de um dia participarmos com ela da glória eterna.

IV

A mensagem de Maria em algumas de suas aparições

Neste último capítulo, abordaremos a mensagem de Maria em algumas de suas aparições. De início, quero afirmar que as aparições marianas em nada substituem a Sagrada Escritura e que também não são dogmas de fé. Antes, relembram aos fiéis o compromisso de conversão proposto por Jesus nos Evangelhos e confirmam a fé da Igreja, que se traduz de modos diversos, inclusive nas proclamações dogmáticas.

1. Guadalupe

A história de Guadalupe começou em dezembro de 1531. Era madrugada de um sábado, quando o índio Juan Diego saiu de sua aldeia (Cuauhtilán), em direção a Tlatelolco, para participar da Sagrada Liturgia. Ao contemplar a beleza da natureza, escutou alguém o chamando: "*Juantzin! Juan Diegotzin!*" Era uma voz afetuosa, não o causava medo e parecia ser de alguém que muito o estimava pela forma como o chamava. Assim, ele se pôs a subir a colina para ver quem seria essa pessoa.

Ao chegar ao alto da colina, viu uma senhora de pé, que o olhava com muita delicadeza; ela mais uma vez o chamou e pediu que se aproximasse. Ao chegar mais perto, Juan Diego ficou admirado com o manto da Senhora, que brilhava como o sol nascente, irradiando suaves raios de luz. Aquela Senhora era como a Mulher do Apocalipse, que era vestida do sol (Ap 12,2). Seus pés estavam sobre uma pedra que parecia ser muito preciosa.

Diante daquela majestosa Senhora, o índio inclinou-se, fazendo reverência com um profundo respeito e familiaridade. Ela logo continuou:

– Escuta, filho meu, o menor, Juantzin, para onde vais?

– Minha querida Senhora, Menininha minha, vou para tua sagrada casa de México-Tlatelolco.

Fato interessante é que, diferentemente das aparições de Lourdes e de Fátima, o vidente Juan Diego logo reconheceu ser aquela Senhora a Mãe de Jesus. Ao contrário de Bernadete e dos pastorinhos, que, no primeiro momento das aparições, não ousaram afirmar quem era a Senhora que viam, antes a interrogaram querendo saber qual era seu nome, em Guadalupe, Maria logo se apresentou:

– Tem como certo em teu coração, filho meu, o menor, que sou a Perfeita Sempre Virgem Maria, Mãe do verdadeiríssimo Deus, por quem se vive, o criador das pessoas, o Senhor da proximidade e das mediações, o Senhor do céu, da terra e da humanidade.

Fato que chamou atenção de Juan Diego é que aquela Senhora falava perfeitamente sua língua, como se fosse alguém que pertencia a seu povo. E as palavras afetuosas de Maria vinham acompanhadas de um pedido. Ela queria que, naquele local, fosse construída uma igreja, onde de lá ela mesma ensinaria ao povo simples e humilde amar seu Filho Jesus. E, além do mais, em suas palavras, parecia conhecer bem a dura realidade que viviam os *náhuas.*[7]

Juan Diego não tirava os olhos daquela Senhora, que logo lhe pediu mais uma difícil missão: "Vai ao palácio do bispo do México e diz-lhe que eu te enviei. Diz que eu desejo que me providencie uma casa

---

[7] Os nahuas são um grupo de povos nativos da mesoamérica, ao qual pertencem os mexicas e outros antigos povos anahuac que falavam a língua nahuatl.

aqui". Aquilo parecia a Juan uma tarefa impossível; talvez possa ter pensado: "Quem sou eu para ir até o bispo e dizer o que Nossa Senhora quer que ele faça?" Entretanto o venerável índio logo partiu para realizar o dever pedido pela Virgem.

Mudando o destino de sua caminhada, foi direto ao centro do México falar com o bispo. Depois de esperar algumas horas, alguém o conduziu até o bispo e, assim, teve a oportunidade de ficar frente a frente com ele. Ao se ajoelhar, foi logo dizendo tudo o que tinha visto e ouvido da Senhora, assim como o pedido que ela havia feito. O bispo, Dom Frei Juan de Zumárraga, não acreditou na história contada e, de imediato, encarregou-se de despedir o índio.

Juan Diego entristeceu-se, pois sua missão parecia ter fracassado. Voltou ao lugar da aparição para contar à Senhora como fora a conversa e, ao vê-la, expôs detalhadamente os fatos, inclusive a reação do bispo. E, dessa vez, foi o índio quem fez um pedido: "Senhora minha, Menininha minha, eu te peço que encarregues outra pessoa. Um nobre, alguém mais conhecido e estimado. Assim, Dom Frei Juan poderá ouvi-lo. Porque eu sou um pobre índio desprovido de conhecimento".

A senhora o escutou carinhosamente, mas não atendeu seu pedido, assegurando que ela precisava dele, para que sua vontade se realizasse. Então, pediu que, no dia seguinte, voltasse novamente a falar com o bispo, dizendo que lá estava porque Nossa Senhora, a Mãe de Jesus, enviou-o e o escolheu como seu mensageiro. Juan Diego não hesitou em, mais uma vez, atender ao pedido daquela jovem, por quem tinha grande admiração, respeito e amor.

No dia seguinte, um domingo, Juan Diego deixou sua aldeia e foi mais uma vez ter com o bispo. Chegando ao palácio, quase que não o deixaram falar com Dom Juan Zumárraga, até que conseguiu convencer os guardas de que a mensagem era muito importante. Ao ver Sua Excelência, pôs-se a seus pés e, com semblante triste, suplicou que acreditasse na mensagem, pois era verídica e vinha da Mãe de Jesus. O bispo o escutou atentamente, depois o interrogou sobre a devida aparição, e Juan Diego respondia a cada pergunta.

No final da conversa, o bispo disse a Juan Diego que não bastava o relato da aparição nem o pedido feito por Maria. Era necessário uma prova concreta para que pudesse acreditar na veracidade da aparição e da mensagem. O índio aceitou com tranquilidade a proposta e pediu a Dom Juan Zamárraga que escolhesse o sinal que queria, e ele falaria para Maria. Vendo o bispo que Juan Diego permanecera tranquilo e de bom grado aceitou a proposta de um sinal, logo se encarregou de despedi-lo, sem ousar pedir nenhuma prova.

Todavia, pediu a seus servidores que seguissem o índio para ver aonde ele iria. Mas, no decorrer do caminho, eles o perderam de vista, voltaram para o palácio furiosos com o índio. Ao encontrarem Don Juan disseram ser o índio um sonhador, e o convenceram de que aquilo que Juan Diego contava era mentira. Entre eles foi combinado que, se o índio voltasse, iriam castigá-lo para que desistisse de importunar o bispo.

Enquanto tramavam no palácio, Juan Diego conversarva com a Virgem, que lhe pedira para vê-lo no outro dia, garantindo que lhe daria um sinal para que levasse ao bispo. No dia seguinte, o índio não foi ao encontro de Maria, pois, ao retornar para sua casa, encontrou seu tio Juan Bernardino muito doente. Assim, resolveu ir em busca de um sábio médico, que morava em outro povoado. Ao ver Juan Bernardino, o sábio médico afirmou que para aquela doença não havia mais cura.

Dessa forma, Bernardino pediu a Juan Diego que fosse à procura do Padre para que ele pudesse fazer sua última confissão e, assim, morrer em paz. O índio não recusou o pedido do tio, pôs-se a caminho de Tlatelolco. Quando se aproximou da colina de Tepeyac, lembrou-se da Senhora e, como estava com pressa, resolveu seguir por outro caminho. Contudo, vendo Maria a aflição de Juan Diego e a tristeza que pairava em seu coração, não o deixou sozinho e foi a seu encontro.

Chegando até ele, perguntou aonde ia com tanta aflição. Envergonhado por não ter comparecido ao encontro marcado, pediu-lhe perdão e abriu-lhe o coração, contando-lhe tudo o que estava vivendo nas últimas horas. A senhora entendeu perfeitamente a situação e começou a consolá-lo. Em um profundo ato de amor e cuidado, questionou Juan Diego: "Não estou aqui eu, que sou a tua mãe?" E afirmou que Juan Bernadino já estava curado.

Juan Diego de imediato acreditou nas palavras da Senhora e pediu que o mandasse ao encontro do bispo, levando o sinal que provasse a veracidade de sua mensagem. Vejam que bonito! O índio também poderia ter pedido um sinal, que comprovasse a cura do tio; no entanto sua confiança era tão grande que lhe bastavam as palavras da Senhora. A seu pedido, Juan Diego subiu ao topo da colina e colheu diversas flores para levar a Dom Juan.

O fato que chamou sua atenção é que aquela não era época de flores. Devido ao pesado inverno do mês de dezembro e por aquela região ser cercada por pedras e espinhos, não poderia haver tanta diversidade de flores, ainda mais que uma era mais bela que a outra. Não pensou duas vezes; começou a cortá-las e colocou-as na dobra de seu manto, uma tilma feita de fibras vegetais (vestimenta comum dos pobres).

Depois de juntar as flores, Juan Diego as levou para a Senhora que, ao vê-las, tocou-as, com suas mãos, e disse ser esse o sinal que ele deveria levar ao bispo; ainda o orientou que, ao chegar à presença dele, estendesse o manto. O índio foi confiante e, chegando ao palácio episcopal, não se deixou abater pelos servidores de Dom Frei Juan, que já tinham combinado entre si de castigá-lo. Juan Diego, entretanto, não tinha consciência de que alguns desses servidores o tinham seguido por ordem de Sua Excelência.

Os servidores estavam curiosos para saber o que Juan Diego trazia na dobra daquela tilma. O índio, por sua vez, lembrou-se de que a Senhora tinha pedido que só desenrolasse a tilma diante do bispo. Assim Juan abriu apenas uma parte da dobra, para que vissem que ali estavam apenas algumas flores. Os servidores ficaram admirados da beleza das flores, o que chamou-lhes a atenção, pois não era tempo de flores.

Todos queriam pegá-las, mas não conseguiram porque pareciam costuradas na tilma. Como conseguiam vê-las de modo tão claro e real? Dessa forma, resolveram avisar ao bispo que Juan Diego o esperava desde cedo e trazia algo para oferecer-lhe. Imediatamente, Dom Frei Juan ordenou que o deixassem entrar e ficou curioso para saber o que o índio tinha consigo.

Juan Diego, ao chegar diante do bispo, inclinou-se, em atitude de respeito, contou-lhe que a Senhora havia pedido que recolhesse as flores que estavam no cume da colina, levasse-as até o palácio e as oferecesse a Sua Excelência, como sinal de que ela era a Virgem Maria Mãe de Deus e que desejava que naquele local fosse construída uma Igreja em sua honra.

Nesse momento, Juan Diego desdobrou e estendeu sua tilma e, conforme as flores iam caindo e espalhavam-se pela sala do palácio episcopal, no manto aparecia a imagem da Virgem Maria (conservada até os dias atuais). Ao ver a cena, o bispo se ajoelhou aos pés do índio, com os olhos cheios de lágrimas, e pediu perdão por não ter acreditado antes. No dia seguinte, Dom Juan de Zumárraga pediu a Juan Diego que o levasse ao local das aparições. Enquanto seguiam para a colina de Tepeyac, uma multidão, composta de índios, sacertores e curiosos, seguia-os.

Tepeyac era o lugar onde uma antiga religião indígena adorava Tonantzin, que era considerada a mãe dos deuses. Por isso muitos se espantaram com o fato de a Mãe de Jesus ter escolhido esse mesmo lugar para que fosse construído seu santuário. Contudo Maria é a verdadeira Mãe, não dos deuses, mas de Deus! Ela é também o auxílio e o socorro dos pobres e abandonados. Dom Juan Zumárraga não teve dúvida da mensagem de Nossa Senhora e convocou a multidão que lá estava para arregaçarem as mangas e começarem a construção da casa de Deus e de sua Santa Mãe.

Com a licença de Dom Juan Zumárraga, o índio Juan Diego retornou a sua aldeia para ver seu tio Juan Bernardino. Alguns dos que estavam em Tepeyac foram com ele, pois queriam comprovar a cura de Bernardino. Ao chegarem ao povoado, depararam-se com o tio de Juan Diego gozando de plena saúde. Nesse momento, Juan Diego foi contar ao tio e aos habitantes de sua aldeia tudo o que havia acontecido.

Juan Bernardino falou para o sobrinho que, ao raiar do dia, a Senhora fora visitá-lo e, ao tocar-lhe no rosto, tomou-o pela mão e o levantou, e ele ficou curado. Nesse mesmo instante, a Virgem Santa revelou a Juan Bernardino como queria ser invocada em sua casa, na colina de Tepeyac. Maravilhado com a revelação, Juan Diego conduziu o tio até o palácio episcopal, para que contasse ao senhor bispo o que Maria o havia dito.

Depois disso, os três saíram em procissão, levando a tilma, em que estava a imagem de Maria, para a Catedral. Muitas pessoas que os seguiram se emocionaram, e outros começaram a gritar: Mãe índia! Mãe índia! Dom Juan pediu ao Padre Motolínea (um sacerdote muito estimado pelos indígenas) que falasse para todos como a Virgem gostaria de ser chamada. Passados alguns dias na Catedral, a tilma foi conduzida para a igreja construída na colina, onde ainda hoje milhares de pessoas recorrem a Senhora de Guadalupe, pedindo sua proteção e invocando-a nos momentos difíceis da vida. Ela é o amparo e o socorro dos náhuas e de todo o povo de Deus. Juan Diego faleceu em 1548, com setenta e quatro anos. Seu corpo foi sepultado junto à igreja de Tepeyac.

2. As aparições em Rue du Bac

Agora falaremos de três aparições da Virgem Maria, que trazem aspectos muito semelhantes em suas mensagens: a aparição em Rue du Bac, Lourdes e Fátima. A primeira, conhecida como Nossa Senhora das Graças ou da Medalha Milagrosa, aconteceu no ano de 1830. A Mãe de Deus apareceu a uma humilde noviça da Companhia das Filhas da Caridade, fundada por São Vicente de Paulo e Santa Luiza de Marilac.

Era Catarina Labouré, nascida em 2 de maio de 1806, na pequena aldeia de Fain-les-Moutiers. De pais bastante católicos, no dia em que sucedeu o nascimento de Catarina, foram à igreja para que sua filha recebesse o sacramento do Batismo. Sua mãe faleceu aos 42 anos, deixando uma grande família em bastante sofrimento. Nesse momento de dor, Catarina tinha apenas nove anos. Diante do ocorrido, pegou uma imagem da Virgem Maria e disse: "De agora em diante, tu serás minha mamãe".

Após a morte de sua mãe, Catarina e sua irmã mais nova, chamada Tonine, ficaram por dois anos morando com uma tia. Quando sua irmã Maria Luísa entrou para a Companhia das Filhas da Caridade,

Catarina assumiu os deveres domésticos. Desde muito jovem, sempre se mostrou muito piedosa. Aos 19 anos, teve um sonho que lhe marcou profundamente. Parecia estar em oração na igreja da aldeia, quando um sacerdote idoso, presidindo a Eucaristia, terminada a celebração, fez um sinal para que Catarina se aproximasse; ela, assustada, foi embora. Contudo, o sonho não terminou, pois ela se viu ao lado de um doente e lá se encontrou com o velho padre que lhe disse: "Agora foges de mim, mas um dia serás feliz por vir a mim".

Mais tarde, Catarina decidiu entrar para o convento e, quando foi falar com o pai, ele se opôs fervorosamente e mandou a filha morar com seu irmão em Paris. Quando foi ajudar sua cunhada, que tinha um pensionato na cidade de Chântillon, Catarina conheceu uma das casas das Irmãs da Caridade e, para sua surpresa, encontrou, no parlatório, um quadro com a fotografia do padre que tinha visto em sonho. Procurando saber quem era, descobriu ser São Vicente de Paulo.

Depois de muita insistência, o pai concedeu sua permissão para que Catarina entrasse para o convento. No início de 1830, ela entrou para a Companhia e iniciou a etapa do postulado. Meses depois, ingressou no noviciado; tempo forte para a jovem irmã! Da noite do dia 18 para 19 de julho, as Filhas da Caridade se preparavam para a festa litúrgica de seu fundador: São Vicente de Paulo.[8] Por essa ocasião, a superiora das noviças falou sobre a importância da devoção aos santos, ressaltando, de modo especial, a devoção para com Nossa Senhora.

A jovem noviça foi dormir pensando nesse assunto e pediu a São Vicente que lhe concedesse a graça de ver Nossa Senhora. Um fato extraordinário aconteceu! Relatou a própria Irmã Catarina: "Pelas onze e meia da noite, ouço chamar pelo meu nome: Minha Irmã! Minha Irmã! Um menino de quatro para cinco anos, vestido de branco, diz-me: 'Venha à Capela, a Virgem Santíssima a espera'".

Irmã Catarina ficou preocupada em se levantar para ir à capela e acordar as outras irmãs. O menino a tranquilizou dizendo que todas elas já estavam em um sono profundo. Rapidamente, a jovem irmã se levantou, pôs seu hábito e seguiu o menino. Por onde passavam, as luzes estavam todas acesas, e, ao chegarem à capela, a porta se abriu apenas com o simples toque do dedo do menino. Para surpresa de

[8] Nessa época a memória litúrgica de São Vicente era celebrada no dia 19 de julho. Hoje, celebra-se no dia 27 de setembro.

Irmã Catarina, as velas da capela estavam todas acesas como se fossem para a Missa de Natal.

Mesmo sem ter visto alguém, Irmã Catarina ajoelhou-se e se pôs em oração. Por volta da meia-noite, o menino disse: "Eis a Santíssima Virgem, aqui está!" A jovem irmã contou que ouviu um ruído, "como um frufru de um vestido de seda", e uma belíssima Senhora veio e se sentou na cadeira do Padre Diretor.[9] E, mais uma vez, o menino repetiu (agora com uma voz mais forte): "Eis a Santíssima Virgem!"

Irmã Catarina relatou que, naquele momento, deu um salto e se ajoelhou nos degraus do altar, pondo as mãos apoiadas nos joelhos da Virgem e resumiu o que sentiu com as seguintes palavras: "Foi o momento mais feliz da minha vida!" Nessa primeira aparição, a Mãe de Deus revelou a ela que Deus queria encarregá-la de uma missão e que, para realizá-la, ela sofreria muito, mas não lhe faltaria a graça do Senhor. Tragédias estavam para acontecer sobre a França e aconteceriam desgraças por todo o mundo. Maria acrescentou: "Vinde ao pé deste altar. Aqui as graças serão abundantes para os que a

[9] O Padre Diretor era aquele que atendia as irmãs. Na Companhia das Filhas da Caridade, até hoje, existe essa nomenclatura, e o Padre Diretor é sempre um Lazarista, também conhecidos como Padres da Missão.

pedirem com confiança e fervor. Serão concedidas aos grandes e aos pequenos...", em seguida, desapareceu. A jovem noviça retornou para seu leito, mas disse que, naquela noite, não conseguiu mais dormir.

Só em 27 de novembro de 1830, a Santíssima Virgem revelou a Catarina o que Deus queria dela. Era um sábado, que antecedia o primeiro domingo do Advento. Às cinco e meia da tarde, a jovem irmã estava com as outras irmãs, para fazerem a oração da tarde. Segundo Irmã Catarina: "ouvi um ruído do lado da tribuna; tendo olhado para esse lado, percebi a Santíssima Virgem". Na descrição feita pela referente irmã, a Senhora estava de pé, vestida de branco aurora com os pés apoiados em uma bola (onde só se via a metade), as mãos estavam elevadas à altura do peito e seguravam um globo e seus olhos estavam voltados para o céu. Ela era tão bela, que Irmã Catarina teve dificuldades para descrevê-la.

Em seus dedos, havia anéis que eram cobertos por pedras preciosas, umas maiores que as outras, de onde saíam raios de luz. Diante daquela visão extraordinária, uma voz disse para a Irmã: "Este globo que vedes representa o mundo inteiro, especialmente a França e cada pessoa em particular. Estes raios são o símbolo das graças que derramo sobre as pessoas que mais pedem".

De repente, formou-se, em torno de Nossa Senhora, um quadro oval em que estava escrita, com letra de ouro, uma breve oração: "Ó Maria concebida sem pecado, rogai por nós que recorremos a vós". Irmã Catarina, mais uma vez, foi surpreendida por uma voz que lhe disse: "Fazei cunhar uma medalha conforme este modelo. Todas as pessoas que a trouxerem ao pescoço receberão grandes graças; as graças serão abundantes para os que a trouxerem com confiança".

Algumas pedras presentes nos anéis não brilhavam, o que significava as graças que as pessoas se esqueciam de pedir. Naquele mesmo instante, o quadro virou-se, e Irmã Catarina viu no reverso a letra M, que suspendia uma cruz e, embaixo da letra, os corações de Jesus e de Maria. A jovem irmã confessou ter ouvido naquele momento alguém lhe dizer: "o M e os dois corações dizem bastante". Fato esse que nos ajuda a compreender que o sofrimento de Maria está plenamente ligado ao do Filho.

Irmã Catarina contou os fatos ao Padre Aladeu, que era seu confessor, e ele não acreditou, pois achava que fosse apenas coisas de sua imaginação. No entanto a jovem irmã não desistiu de pedir ajuda ao digníssimo sacerdote, e, diante da insistência de sua penitente, o padre foi conversar com o Monsenhor de Quelén, Arcebispo de Paris. Depois de um detalhado colóquio entre os dois, o Arcerbispo, por não encontrar nada que fosse contrário à fé, autorizou a cunhagem da medalha.

Em 1832, as primeiras medalhas foram distribuídas ao povo. O Arcebispo Monsenhor de Quelém convidava os fiéis a usarem com fé a Medalha da Virgem Maria, que logo se espalhou por todo o mundo; muitos receberam graças e foram curados de suas enfermidades. Assim, a pequena medalha recebeu o nome de Medalha Milagrosa; ainda hoje é reverenciada pelos católicos e recomendada pelos pastores da Igreja.

E o que aconteceu com a jovem vidente? Ao contrário de Juan Diego, que todos sabiam que tinha sido agraciado com o fato de ver a Virgem Maria, Irmã Catarina Labouré passou quase toda a sua vida no anonimato. Levou uma vida comum, como todas as outras irmãs. Terminado o período do noviciado, foi enviada para cuidar dos idosos em Enghien, onde passou toda a sua vida. Dedicou-se a uma vida de oração e de serviço aos pobres.

Depois de anos de "esconderijo", marcados por momentos difíceis na vida da sociedade e da Igreja, ela, antes de ir para o céu, atendeu ao pedido da Virgem Maria e confessou para Irmã Dufés (sua Superiora) que tinha sido ela a noviça agraciada com as aparições da Virgem da Medalha Milagrosa. Depois de admirar e se emocionar com a vida de Irmã Catarina, a superiora ajoelhou-se diante daquela tão humilde Filha da Caridade, que fora escolhida pela Virgem Maria como mensageira da Medalha Milagrosa.

Em 31 de dezembro de 1876, aos setenta anos, Irmã Catarina deixou o convento e foi morar no céu ao lado da Virgem Maria. Cinquenta e seis anos após seu sepultamento, seu corpo foi exumado e estava da mesma forma como havia sido enterrado. No dia 27 de julho de 1947, o papa Pio XII canonizou a Irmã Catarina Labouré, chamando-a: "A Santa do Silêncio".

As aparições na Rue du Bac foram de grande importância para a definição do dogma da Imaculada Conceição. A própria Virgem se revelou a Catarina como concebida sem a mancha do pecado. Toda pura, agraciada por Deus, colaboradora no plano da salvação. Ainda hoje, Maria continua colaborando na instalação do Reino de Deus no mundo. A Medalha Milagrosa é um verdadeiro catecismo e instrumento de evangelização, sobretudo, para os mais humildes ou aqueles que se deixam encantar pelas mensagens do céu.

3. As aparições na gruta de Massabielle

No dia 11 de fevereiro de 1858, na França, a Mãe de Jesus apareceu a uma pobre menina, chamada Bernadette Soubirous. A humilde vidente tinha uma saúde muito fragilizada e pouca instrução intelectual e religiosa. Deus sempre escolhe aqueles que são marginalizados socialmente, para revelar os desígnios de seu imenso amor. A família de Bernabette era muito pobre, e seu pai quase não conseguia mantê-la com o necessário para a sobrevivência, pois havia sofrido um acidente no moinho e perdeu a visão de um dos olhos, não conseguindo mais produzir uma farinha de boa qualidade. Fato que dificultou ainda mais a vida da humilde família.

Além disso, o pai de Bernadette não acompanhou o processo de industrialização para a fabricação da farinha. Como os demais produtores já tinham aderido a esse processo, conseguiram ter uma farinha bem melhor. Nesse ínterim, veio também uma seca, que durou dois anos, e comprometeu a plantação do trigo. Francisco Soubirous precisou vender seu moinho, tornando-se quase um escravo de outros produtores de farinha.

Vivendo em uma situação de extrema pobreza, a jovem Bernadette contraiu cólera e, provavelmente por não ter tido o tratamento necessário, foi acometida pela asma, doença que a acompanhou durante toda a vida. Em um certo dia (11 de fevereiro de 1858), ela com sua irmã mais nova e uma amiga foram buscar lenha, para cozinharem e se aquecerem. No caminho tinha um córrego, as outras duas meninas logo o atravessaram, mas Bernadette, que muito sofria com a asma, não quis arriscar a passar por aquelas águas frias.

Como sua irmã e a outra menina já haviam passado, Bernadette tirou suas meias, a fim de passar também pelo córrego. De repente, um forte vento a fez olhar para uma gruta, que ficava próxima; nesse momento, ela viu uma Senhora, que, com um vestido branco e uma faixa azul na cintura, trazia nas mãos um lindo Rosário e nos pés tinha duas rosas douradas. Bernadette ajolhou-se e tentou fazer o sinal da cruz, mas não tinha forças no braço. A bela Senhora fez o sinal da cruz, e, logo após, Bernadette também conseguiu fazê-lo; tirando seu Rosário do bolso, começou a rezá-lo.

O pedido de Maria era uma mensagem para o mundo imerso no pecado. Sabemos que o pecado rompe nossa relação de amizade com Deus. Vendo Nossa Senhora a situação que muitos de seus filhos estavam vivendo, veio à terra pedir oração e penitência pela conversão dos pecadores. Bernadette foi invadida por uma imensa alegria ao ver aquela ilustre Senhora, e ela, que tinha uma saúde tão frágil, voltou para casa carregando os feixes de lenha, sorrindo e brincando com as outras meninas.

Nas aparições seguintes, a Virgem Maria recomendou, com insistência, a necessidade de uma vida de oração. Naquela gruta, aos arredores de Lourdes, Maria foi ao encontro de seus filhos para mostrar-lhes que ainda havia tempo para viverem mais intimamente unidos ao Senhor. Na contemplação dos mistérios do Rosário, unimo-nos à vida de Cristo, somos transfigurados.

Outro aspecto importante das aparições de Lourdes é o pedido para uma vida de penitência. No mundo em que se rejeitam o sacrifício e a mortificação, Nossa Senhora nos diz que é necessário um espírito contrito para se alcançar o céu. Na oitava aparição, a Virgem pediu a Bernadette que beijasse o chão, como forma de penitência pelos pecadores. Esse pedido para se fazer penitência seria renovado nas aparições de Fátima, aos três pastorinhos em 1917.

Na nona aparição, a Virgem Santa pediu a Bernadette que fizesse um buraco ali na gruta. De um terreno impróprio, Maria fez brotar uma fonte de vida, sobretudo para aqueles que sofrem de diversas enfermidades. Ainda hoje, milhares de pessoas recorrem às fontes de Lourdes, na esperança de serem curadas de doenças físicas e espirituais. A fonte na gruta de Massabielle nos lembra nosso batismo, em que a Mãe Igreja nos gera para Cristo.

Existe uma ligação específica entre as aparições na Rue du Bac, em Lourdes e em Fátima. Ao aparecer para Irmã Catarina Labouré, Maria prepara a Igreja, que em breve proclamaria o Dogma da Imaculada Conceição. Em Lourdes, a Virgem Santa confirma o dogma que fora proclamado quatro anos antes: em 1854, pelo papa Pio IX. Na aparição de 25 de março de 1858, ela disse para Bernadette: "Eu sou a Imaculada Conceição". A humilde menina, que "tinha pouco conhecimento dogmático", nunca tinha ouvido essa expressão nem tinha ideia do que ela significava. A pedido da própria Senhora, foi imediatamente à casa paroquial contar ao pároco (que tinha pedido uma prova das aparições) qual era o nome da Virgem. A partir de então, a Igreja local começou a dar crédito aos relatos contados por Bernadette.

Tempos depois, aos 22 anos, ela entrou para o convento com o desejo de servir a Deus e a sua Santa Mãe, por toda a vida. Muito sofreu com uma de suas Superioras, mas foi sempre humilde e nunca rebateu as humilhações. Em consequência de uma forte tuberculose, a jovem religiosa morreu aos 35 anos. Trinta anos depois de sua morte, quando foram exumar seu corpo, para espanto dos que estavam presentes, ele estava incorrupto. Fato idêntico aconteceu com o corpo da Irmã Catarina Labouré, a Santa do Silêncio, que foi agraciada com as aparições de Nossa Senhora das Graças ou como muitos a chamam de Nossa Senhora da Medalha Milagrosa.

4. A mensagem de Fátima

Tudo começou em um domingo, 13 de maio de 1917, quando a bem-aventurada Virgem Maria apareceu a três crianças que cuidavam de um rebanho de ovelhas. Eram elas: Lúcia de Jesus (10 anos), Francisco Marto (9 anos) e Jacinta Marto (7 anos). Depois da Missa, na igreja de Aljustrel (lugarejo onde residiam), foram para a encosta cuidar do rebanho. Ao chegar à Cova da Iria, puseram-se a brincar, quando um clarão de um relâmpago os surpreendeu. Olharam para o céu e viram que o horizonte estava limpo e não havia nenhum sinal de tempestade.

Lúcia logo ordenou que fossem embora. Então reuniram o rebanho e desceram a encosta. Novamente, um segundo relâmpago os surpreendeu; apertaram os passos, mas, de repente, viram uma bela Senhora sobre uma carrasqueira. Ela "usava um vestido e um véu branco, que parecia um tecido de luz, estava com as mãos postas em oração apoiadas sobre o peito e trazia um lindo Rosário de contas brilhantes". Nesse momento, começou um diálogo entre a Senhora e Lúcia. A Senhora lhe disse ter vindo do céu e pediu que retornassem àquele local, seis meses seguidos, sempre no dia 13, na mesma hora.

Já na primeira aparição, Nossa Senhora pediu aos três pastorinhos que rezassem o terço para alcançarem a paz para o mundo e o fim da guerra, que estava causando medo e sofrimento para muitas pessoas. Nas aparições, a Virgem falou apenas com Lúcia, Jacinta só ouvia o que ela dizia e Francisco não a ouvia, concentrando-se apenas em ver a celestial Senhora. No dia estabelecido para a segunda aparição, os videntes lá estavam acompanhados por alguns curiosos, que ficaram sabendo dos fatos ocorridos no mês anterior.

Nessa segunda aparição (13 de junho de 1917), Maria pediu que os pastorinhos retornassem no mês seguinte, que rezassem o terço todos os dias e disse a Lúcia que aprendesse a ler. Revelou, ainda, que, em breve, levaria Francisco e Jacinta para o céu, mas precisava que Lúcia ficasse mais tempo sobre a terra, pois o Senhor precisava dela para fazer Nossa Senhora mais conhecida e amada. Ele também queria estabelecer no mundo a devoção ao Imaculado Coração.

Lúcia teve medo de ficar sozinha sobre a terra, e Maria assegurou que não a deixaria só. É também nessa aparição que ela mostrou aos pastorinhos seu Imaculado Coração. Em seguida, suavemente retornou para o céu. Os curiosos que lá estavam não puderam ver a Virgem, mas sabiam que algo extraordinário tinha acontecido. Tudo ao redor da Cova da Iria estava diferente.

Em uma sexta-feira, 13 de julho de 1917, aconteceu a terceira aparição. Lúcia não queria ir à Cova da Iria, mas uma força superior a fez desistir dessa ideia. Ao ir ao encontro de Francisco e Jacinta, viu-

-os no quarto chorando e rezando, pois pensavam que ela não iria. Os três primos saíram ao encontro da Senhora e, chegando ao local, surpreenderam-se com a multidão, que lá estava para ver o que aconteceria.

A Virgem apareceu como de costume, antecipada por um clarão. Mais uma vez, pediu que voltassem no mês seguinte e continuassem a rezar o terço todos os dias, em honra de Nossa Senhora do Rosário. Nesse momento, Lúcia pediu que ela realizasse um milagre, para que a multidão tivesse certeza das aparições. Nossa Senhora disse que só em outubro faria um milagre.

Nessa terceira aparição, a Virgem Santa mostrou aos pastorinhos o inferno (lugar onde não existe a presença de Deus) e os que lá estavam atormentados o tempo todo (a visão do inferno é também conhecida como a primeira parte do segredo de Fátima). Para evitar esse mal, Nossa Senhora recomendou a devoção a seu Imaculado Coração e disse que, se as pessoas se convertessem, a guerra iria acabar. Foi também nessa ocasião que ela pediu a consagração da Rússia a seu Imaculado Coração e a comunhão reparadora nos primeiros sábados.

Diante de tantos sofrimentos que a humanidade estava vivendo, o cristianismo estava se deixando levar por ideologias, e muitos homens e muitas mulheres estavam imersos na dispersão de uma vida como se Deus não existisse. Maria pediu que rezassem pela conversão dos pecadores e disse que: "Por fim, seu Imaculado Coração triunfará!" Essa foi a segunda parte do segredo que Nossa Senhora, em Fátima, revelou aos pastorinhos na terceira aparição.

No dia 13 de maio de 2000, o papa João Paulo II comunicou ao mundo a terceira parte do segredo de Fátima. Os pastorinhos viram, ao lado esquerdo de Nossa Senhora, estando um pouco mais alto, um anjo com uma espada de fogo na mão esquerda, que dispersava chamas de fogo que pareciam que iriam incendiar o mundo. No entanto elas se apagavam ao terem contato com o brilho que saía da mão direita de Nossa Senhora. O anjo, apontando com a mão direita para a terra, dizia: "Penitência! Penitência! Penitência!"

Os pastorinhos viram também um bispo vestido de branco, outros bispos, sacerdotes, religiosos e religiosas que estavam a subir uma grande montanha, onde, em seu cimo, estava uma Cruz. O bispo que estava de branco é o Santo Padre o Papa, que, antes de chegar ao cimo da montanha, precisou atravessar uma cidade em ruínas. Fez a travessia com muito sofrimento, e ia orando pelas almas dos cadáveres que encontrava ao longo do caminho.

Quando chegou ao cimo da montanha, prostrou-se de joelhos ao pé da Cruz e foi morto por um grupo de soldados, que disparavam vários tiros e várias setas. Não só o Papa, mas os outros bispos, sacerdotes, religiosos, outras religiosas e outros leigos foram sendo atingidos, um após outro. Em cada ponta da parte horizontal da Cruz, estavam dois anjos, que, com um regador de cristal, recolhiam o sangue dos mártires e com ele regava as almas que se aproximavam de Deus.

Por fim, Maria disse que, quando eles rezassem o terço, dissessem depois de cada mistério: "Ó meu Jesus! Perdoai-nos, livrai-nos do fogo do inferno, levai as almas todas para o céu, principalmente aquelas que mais precisarem". Em seguida, a Virgem Santíssima voltou para o céu. Os tempos não foram fáceis para os pastorinhos, pois sofriam pressões da Igreja e do Estado.

No dia 13 de agosto, não puderam comparecer à Cova da Iria, porque foram sequestrados e mantidos por três dias presos pelo governo, para que dissessem qual era o segredo revelado por Nossa Senhora. Porém permaneceram fiéis à palavra que tinham dado a Senhora e não contaram nada além do que todos já sabiam, que era o convite de Maria para que se convertessem e rezassem o terço todos os dias, pela paz no mundo e pelo fim da guerra. Por isso a quarta aparição aconteceu no dia 15 de agosto de 1917, em Valinhos. Mais uma vez, Maria reforçou o pedido para que estivessem na Cova da Iria, no dia 13, do mês seguinte, e que não descuidassem da oração do Rosário.

Em 13 de setembro de 1917, lá estavam as três crianças na Cova da Iria; uma multidão se comprimia para ver o que aconteceria. Maria prometeu que, no mês seguinte, faria o tão esperado milagre, mas precisava que continuassem firmes no oração do terço, sacrificando-se pela conversão dos pecadores. Sempre que terminava uma aparição, os pastorinhos se sentiam muito consolados.

A sexta e última aparição aconteceu no dia 13 de outubro de 1917. Era um dia frio e chuvoso. A Cova da Iria se transformou em um grande lamaçal, mesmo assim, milhares de peregrinos se dirigiram para o local. Ao se aproximar a hora da aparição, Lúcia pediu ao povo que fechassem seus guarda-chuvas e rezassem o terço como de costume. A Senhora apareceu, e Lúcia perguntou o que ela desejava. A Senhora disse que queria que se construísse, naquele local, uma capela em sua honra, revelou ser ela a Senhora do Rosário e pediu que rezassem o terço todos os dias.

Nesse dia, também apareceu aos videntes a Sagrada Família, São José com o Menino Jesus nos braços e Nossa Senhora do Rosário. A Virgem estava vestida com uma túnica branca e um manto azul, São José também estava vestido de branco e o Menino Jesus de vermelho. Traçando três vezes o sinal da cruz, São José abençoou o povo e o Menino Jesus fez o mesmo.

Lúcia também foi agraciada com outras visões: viu o sofrimento de Jesus, na caminhada para o calvário, e Nossa Senhora das Dores, mas sem a espada no peito. Em seguida, viu Nossa Senhora do Carmo, coroada como Rainha do céu e da terra e com o Menino Jesus no colo. Enquanto os pastorinhos contemplavam as aparições, o povo presenciou o chamado "milagre do sol".

A chuva foi abundante durante o momento das aparições. Quando, de repente, o sol apareceu, entre as nuvens, e, apesar de seu brilho, podia ser olhado de modo que as pessoas não se sentiam incomodadas com a luz. O sol começou a rodar, como se estivesse a dançar no céu. Em um determinado momento pareceu que iria cair sobre a multidão, que, espantada, deu um grito e se pôs de joelhos na lama. Pouco a pouco, o sol foi retornando a seu normal, e ninguém mais duvidou da veracidade das aparições.

Conclusão

A mensagem de Fátima continua tão atual como em 1917. Seu convite à oração e à conversão se faz necessário na vida da Igreja e da sociedade do século XXI. As aparições da Mãe de Deus aos três pastorinhos nos lembram as aparições na Rue du Bac. Maria, que antes tinha dito ser concebida sem a mancha do pecado, agora fala que seu coração é Imaculado e, no fim de tudo, ele triunfará. As aparições de Fátima também nos recordam o pedido que Maria fez, em Lourdes, a Bernadette: comunicar ao povo a necessidade de uma vida de oração e penitência.

As aparições marianas estão em profunda sintonia e nos revelam a preocupação da Mãe de Jesus com a humanidade. Maria, em sua humildade, mostra-se aos simples e humildes, pois são eles os mais sensíveis à ação de Deus e à escuta de sua voz. Que as mensagens das aparições ressoem em nossos corações, como um convite à vida de oração e sacrifício, de mudança e zelo apostólico pelos pequenos e pobres.

As aparições marianas não devem ser vistas simplesmente como previsões sobre o futuro, pois isso é uma visão muito minimalista das mensagens da Virgem Maria. Elas também não substituem o Evangelho e o ensinamento catequético da Igreja. É importante compreendê-las dentro do conjunto das diversas realidades. Assim, procurei apresentar, sobretudo, o fio condutor das aparições em Rue du Bac, Lourdes e Fátima, a saber: a verdade de Maria como Imaculada Conceição, seu convite à conversão e a uma vida de unidade com Deus por meio da oração.

Considerações finais

Caro leitor! Depois de ter percorrido o caminho traçado nos quatro capítulos deste livro, espero tê-lo ajudado na compreensão da importância de Maria nos mistérios de Cristo e em nossa vida. Ela não é um anexo de nossa fé, mas alguém de suma importância no plano divino da salvação. Por isso se faz necessário entendê-la a partir da Sagrada Escritura, sabendo que este livro traz consigo a história do povo de Deus, do qual Maria é modelo eminente. Nela se realizaram as esperanças de Israel e dela nasceu o novo povo de Israel, que é a Igreja.

Os dogmas marianos são parte de nossa fé, falam-nos da ação de Deus na vida de Maria e nos mostram a grandeza dessa jovem nazarena. Sabendo que o Espírito de Jesus conduziu a Igreja ao percurso da história, o Concílio Vaticano II é ação desse mesmo Espírito, que Cristo prometeu a seus discípulos. Assim sendo, nele encontramos diretrizes que favorecem também nossa devoção mariana.

A própria Mãe de Jesus se dignou se revelar em suas aparições, mostrou-nos o quanto Deus espera nossa conversão e nos convidou para vivermos com mais autenticidade nosso ser cristão. Dessa forma, é necessário comprometermo-nos com nossa vida de oração e intimidade com Deus. Que a toda santa nos ajude e nos inspire na fidelidade ao Evangelho e no compromisso de serviço do Reino, do qual ela é Mãe e Rainha.

Dúvidas ou mais esclarecimentos:
cfellipesdb@gmail.com

Referências bibliográficas

BÍBLIA. *A Bíblia de Jerusalém*. São Paulo: Paulus, 2003.

CATECISMO DA IGREJA CATÓLICA. *Edição típica vaticana*. São Paulo: Loyola, 2000.

BOFF, Clodovis M. *Dogmas marianos: síntese catequético-pastoral*. São Paulo: Editora Ave-Maria, 2010.

BOFF, Clodovis M. *Introdução à Mariologia*. Petrópolis: Vozes, 2004.

JOÃO PAULO II. *Redemptoris Mater, Carta Encíclica sobre a Bem-aventurada Virgem Maria na vida da Igreja que está a caminho*, 1987. 3 ed. São Paulo: Paulinas, 2007.

LARRAÑAGA, Inácio. *O silêncio de Maria*. São Paulo: Paulinas, 2010.

LUMEN GENTIUM. *Constituição Dogmática sobre a Igreja*. Petrópolis: Vozes, 1968.

MURAD, Afonso. *Maria, toda de Deus e tão humana*. São Paulo: Paulinas; Valência, ESP. Siquem, 2004.

PAULO VI. Discurso a 21 de novembro de 1964.

SUSIN, Luiz Carlos. *Aqui se conta História de N. Sra. de Guadalupe*. São Paulo: Paulinas, 2002.

Este livro foi composto com as famílias tipográficas Amaranth e Segoe UI
e impresso em papel Pólen Natural 70g/m^2 pela **Gráfica Santuário.**